어떻게
나를 지키며
살 것인가

일러두기

1. 본문에 수록한 인용도서의 서지 정보는 책 말미의 참고도서 목록에 함께 실었습니다.
   인용도서는 [●], 참고도서는 [●]으로 구분하여 표시했습니다.
2. 본문의 인용문은 원문을 토대로 하되 필요에 따라 교정한 부분도 있음을 밝힙니다.
3. 단행본은 겹낫표(『 』), 단편소설 · 희곡 · 논문 · 그림 · 공연작품은 홑낫표(「 」), 잡지는 겹
   꺾쇠표(《 》)를 사용했습니다.
4. 본문의 이미지는 퍼블릭 도메인과 Creative Commons License를 중심으로 이용했습니다.

어떻게
나를 지키며
살 것인가

무엇에도 지배당하지 않는
자유로운 삶을 위한 20가지 사유의 힘

이인 지음

또란

독서는 정신의 떨림을 욕망하는 일이다. 배움의 즐거움을 탐하면서 문자들이 빚어내는 울림으로 정신을 북돋는 일이 독서이다. 책이 뜨거울수록 정신은 달궈지고 삶은 달라진다. 읽는 순간, 세상이 다르게 보인다. 몰랐다면 할 수 없지만 알아버린 이상, 돌이킬 수 없다. 예전처럼 살 수 없다. 정신이 진동하면 삶이 변화된다.

> 사유한다는 것이 어떤 인식능력의 자연스런 실행이고 이 인식능력은 어떤 선한 본성과 선한 의지를 지닌다는 점은 사실적 차원에서 이해될 수 있는 것이 아니다. '모든 사람들'이 잘 알고 있는 바와 같이 우리 인간이 실제로 사유한다는 것은 드문 일이고, 또 어떤 고양된 취미 안에서 사유한다기보다는 오히려 어떤 돌발적인 충격 속에서 사유하게 된다. ─질 들뢰즈, 『차이와 반복』

사유는 충격에서 비롯된다고 프랑스의 철학자 질 들뢰즈는 말한다. 인간이 본래 사유하는 존재이고 착한 본성을 지니고 선한 의지로 살아간다는 생각은 사실 차원에서 검증되지 않았다. 그렇게 믿고 싶을 뿐이다. 생각하며 산다고 생각하지만 막상 나의 생각은 어제의 재탕이기 일쑤이다. 새롭게 사유하고 자유롭게 반응하기보다 내게 심어진 생각의 회로대로 반복해서 진부하게 반응할 뿐이다. 대중매체가 유포하는 메시지를 자기 생각인양 착각하며 그대로 따라 말하는 앵무새가 되지 않으려면, 나만의 고유한 말과 생각들을 키우고 싶다면, 정말 하고 싶은 일을 하고, 되고 싶은 사람이 되며, 살고 싶은 삶을 살려면 이 방법을 피할 수 없다. 좋은 책들과 부딪히는 일!

독서의 충격 속에서 우리는 생각하기 시작한다. 남들 다 읽는 책을 읽지 않고 내 삶에 횃불처럼 다가오는 책을 손에 쥘 때 조금이라도 '자유'가 생긴다. 자유는 내가 부자유했다는 깨달음에서 출발한다. 좋은 책은 나의 허영을 무너뜨리며 부자유를 일깨워준다. 책을 읽는 만큼, 정신에 진동이 이는 만큼 삶은 자유로워진다. 공부는 자유로운 삶을 위한 안간힘이다.

독서를 하면 삶이라는 '나의 책'에 새로운 글을 써내려갈 힘이 생긴다. 다른 앎이 들어와야 다른 함을 할 수 있고, 그렇게 삶이 변한다. 앎은 함과 삶과 나란히 간다.

지금 공부를 하지 않고 또 내일로 미룬다면 인생은 흩어지는 연기처럼 흐지부지 사라진다. 공부와 멀어질수록 험난한 세상 속에서 체념과 냉소로 얼룩진 속물이 된다. 시간을 내어 책을 읽는 이유도 나를 지키기 위함이다. 내 정신은 책들에게서 받은 자극이자 책들이 남긴 자국이고, 그 흔적들이 모여 내 삶의 무늬가 된다.

*

모든 책은 여행서이다. 책은 시공간을 넘나들면서 독자들을 색다른 세계로 이끌고 간다. 책과 함께 여행을 떠나면, 그동안 익숙하고 당연했던 나의 관점이 옅어지면서 사뭇 다른 시야가 펼쳐진다. 우리는 책을 통해 과거를 되짚고 미래를 내다본다. 책을 읽으면서 오늘을 새롭게 살아갈 기회를 맞는다. 사유의 여행을 한 만큼 내 삶은 부드럽고 강해진다.

앎의 기쁨을 찾아 떠났던 여행의 기록을 세상에 내놓는다. 여기에 소개한 20권은 사유의 여행길에서 나의 정신에 파문을 일으킨 책들이다. 한 권 한 권이 독서의 고개이자 사유의 고비였다. 버거웠지만 포기하지 않고 견디다보니, 책장을 넘길수록 앎의 오르가슴을 느꼈고, 문장들을 곱씹으면서 배움의 희열이 솟아났다.

사상가 발터 벤야민은 "진정한 논쟁은 한 권의 책을 마치 식인종이 갓난아이를 요리하는 것처럼 애지중지하며 다룬다"고 썼다. 귀한 손님을 최선을 다해 대접하는 마음으로 20권의 책들을 뼈째 푹 고아 내놓고 싶었다. 물론 이들의 강렬함에 오히려 내가 집어삼켜졌는지도 모른다. 내 정신에 커다란 진동을 일으킨 이 책들이 세파에 치여 식어간 사람들의 가슴을 훗훗하게 달궈줄 불씨가 되면 좋겠다.

어쩌면 조금 어려울 수도 있다. 경험하지 못한 낯선 사유와 대면하는 일은 쉽지 않다. 그러나 자기 삶과 연관 지어 천천히 읽어나가면 어느덧 우리네 일상의 우울과 불행이 어디에서 비롯되었는지 깨닫게 되고, 노예처럼 길들여진 자신의 모습을 되짚으면서 스스로의 주인으로 살아가는 방법을 모색하게 된다. 알아야겠다는 의지와 살아야겠다는 용기, 포기하지 않는 끈기만 있다면 당당하게, 자유롭게, 충만하게 자기 삶을 지키며 존재할 수 있다.

시련의 폭풍이 몰아쳐도 손에서 책을 놓지 말자. 철학자 김상봉의 말처럼 뭉근하고 지속되는 근면이 우리를 변화시킬 것이다.

> 우리는 힘들여 개간한 땅에 씨앗을 뿌리고 물을 주어 그것이 싹을 틔워 아름드리나무로 자랄 때까지 기를 것이다. 때가 되면 우람한 줄기에서 가지가 뻗어 오르고 무성한 잎사귀 사이로 꽃이 피고 열매가 맺으리니, 하늘의 새들이 그 나무에 둥지를 틀고 그 열매로 배불리고 그 꽃에 도취할 것이다. 우리는 그때까지 정신의 노동을 멈추지 말자. 그것이 이 피어린 역사 속에서 살아남은 자들의 빚이니, 오직 근면이 우리를 구원할 것이다. ─김상봉, 『서로주체성의 이념』

2015년 봄
이인

차례

존재의 가치를
열망하라

『소유냐 존재냐』_ 에리히 프롬

- ## 에리히 프롬Erich Fromm(1900∼1980)

1900년 독일 프랑크푸르트에서 태어난 정신분석학자이자 사회학자, 사상가이다. 프랑크푸르트 대학과 하이델베르크 대학을 졸업한 후, 1929년부터 1932년까지 프랑크푸르트 사회연구소 강사로 있었다. 나치가 등장하자 1934년 미국으로 망명한 후 컬럼비아 대학과 베닝턴 대학을 거쳐 1952년 멕시코 국립대학 교수로 취임하였다. '근대인에 있어서의 자유의 의미'를 추구하는 데 사색 활동의 전부를 바친 그는 사회 구조의 변혁과 인간의 심리적 해방을 연동시키는 '인간주의적 정신분석'을 주장하며 신프로이트 학파의 이론적 지도자로 활약하였다. 사회심리학의 개척자로 평가받고 있으며, 저서로는 『건전한 사회』, 『혁명적 인간』, 『자유로부터 도피』, 『소유냐 존재냐』, 『의혹과 행동』 등이 있다.

우울한 일 노예들의 행렬

소유하는 삶과 존재하는 삶. 그 둘 중에 우리는 어떤 삶을 살고 있을까? 만약 겉치장에 집착하고, 유행에 민감하게 반응하며, 옷과 신발 또는 장신구들을 사는 데 많은 시간과 돈을 들인다면, '소유'에 치중한 삶일 가능성이 높다. 하루가 멀다 하고 각종 유명 브랜드가 쏟아내는 신상품의 유혹을 떨쳐내기란 쉽지 않다. 급기야 우리는 큰 마음 먹고 몇 달치 월급에 버금가는 명품을 사들고 뿌듯해 한다. 이마저도 여의치 않은 경우에는 명품을 대신할 유사품으로라도 허기를 채운다. 매달 돌아오는 카드 결제일 때마다 가슴을 옥죄면서도 소비 욕구는 잦아들지 않는다. 이처럼 소유하는 삶은 우리를 상품의 소비자로 전락시킨다.

에리히 프롬의 『소유냐 존재냐To Have or to Be?』*는 소비자로 살아가는 현대인의 공허한 실상을 성찰하고, 소비가 삶의 목적이 되어버린 시대를 비판한다.

옛사람들은 이미 소유한 물건은 소중히 아끼며 가능한 한 활용했다. 그리고 간직하기 위해서 사들였다. 그 당시의 구호는 "오래된 것이 아름답다!"였다. 현대인은 버리기 위해서 사들인다. 보존이 아닌 소비가 모토이다. 자동차든 옷이든 가전제품이든 간에 사들이고 나서 얼마간 사용하고 나면 싫증이 나서 새 모델을 장만하려고 열을 올린다. 취득→일시적 소유와 사용→폐기처분(가능하다면 보다 나은 모델과의 유리한 교환)→새로운 취득. 이것이 일련의 순환과정이며, 그 구호는 "새것이 아름답다!"이다.

자본주의 체제는 무엇보다도 성장과 발전을 최우선시한다. 사회의 갈등이나 고통 따위는 아랑곳하지 않는다. 인간의 삶을 향상시키는 수단이었던 성장과 발전은 이제 우리를 쥐고 흔드는 난폭한 주인이 되었다. 제어 장치 없는 자본의 욕망을 위해 우리의 삶은 희생당한다. 노예나 다름없는 우리는 열심히 살아도 도무지 행복하지 않다.

사람이 아니라 오로지 경제발전 자체를 위한 세상이 되어버렸다. 기술이 발달하고 경제가 성장하여 욕망이 충족되고 저마다 자기 삶의 주인으로 사는 행복한 사회를 꿈꿔왔는데, 앞만 보고 달음박질친 결과 우리는 우울한 일 노예가 되고 말았다. 예전과는 비교할 수 없을 만큼 경제가 발달하고 최첨단 문명 속에서 살아가지만 행복한 사람은 드물다.

차고 넘치는 부는 극히 일부의 소유이다. 한쪽은 너무 많이 가져서 탈이 나고 또 한쪽은 빈곤으로 굶주린다. 양극화는 지구화의 동의어가 되었다. 뿐만 아니라 환경 파괴와 핵폭발의 위험, 빈번한 자연재해, 갖가지 산업재해로 우리는 하루하루 공포를 느낀다. 현재의 상황을 에리히 프롬은 이렇게 정리하고 있다.

- 행복과 최대치의 만족은 모든 욕망의 무제한적인 충족에서 나오는 것이 아니며, 그것이 복지상태로 이어지지도 않는다.
- 우리가 자기 삶을 지배하는 독자적 주인이 되리라는 꿈은 우리 모두가 관료주의 체제라는 기계의 톱니바퀴로 몰려들었음을 인식함과 더불어 깨어져버렸다.
- 우리의 사고, 감정, 취미는 매스미디어를 지배하는 산업 및 정부기구에 의해서 조정되고 있다
- 경제적 성장은 부강한 나라들에 국한된 것이었으며, 부강한 나라와 가난한 나라 사이의 격차는 갈수록 벌어져왔다.
- 기술적 진보는 생태학적 위험을 필연적으로 수반해왔고, 그 각각의 위험 또는 두 가지 위험이 뭉뚱그려져서 모든 운명에, 어쩌면 모든 생명체에 종말을 불러올지도 모른다.

소유하는 삶인가 존재하는 삶인가

에리히 프롬은 현대의 사회문제들을 고민하면서 '소유'와 '존재'의

개념을 가져와 우리를 되비춘다. 인간의 삶은 소유하는 삶과 존재하는 삶으로 나뉘는데, 우리는 둘 중 하나를 선택해야 한다는 것이다. 프롬은 소유를 좇으며 사는 사람과 존재를 누리며 사는 사람을 인류사의 수많은 예시를 통해 보여준다. 물론 대부분의 위인과 성인들은 하나같이 소유와는 거리가 먼 '존재의 삶'을 살았다. '소유의 삶'을 살아서는 행복할 수가 없기 때문이다.

> 궁극적으로 "나(주체)는 무엇(객체)을 가지고 있다"는 진술은 객체를 소유하고 있음을 빌려서 나의 자아를 정의하고 있다. 나 자신이 아니라 내가 가지고 있는 그것이 나를 존재하게 하는 주체이다. 나의 소유물이 나와 내 실체의 근거가 된다. "나는 나이다"라는 진술의 토대가 되는 생각은 "나는 X를 소유하고 있기 때문에 나이다"이다. 여기서 X는 내가 소유하고 지배할 수 있는 힘에 의해서 관계 맺는 모든 자연의 사물과 인간이다.

에리히 프롬의 말처럼 소유의 삶은 나를 '물건'에 의존하게 만든다. 소유한 '객체'에 따라 내 삶이 정의된다. 그런 삶은 더 많은 것을, 더 나은 것을 소유하려고 하지만 결국 그 소유물에 기대기 때문에 소유물이 사라지면 삶 또한 붕괴된다. 주가가 폭락하거나 부동산 거품이 빠질 때 종종 자살이라는 극단의 선택을 하는 사람들이 있다. 객체에 소유된 현대인의 슬픈 모습이다. 사물에 집착할수록 우리는 소유하지 않고 소유된다. 그래서 소유물이 사라지면 더 이상 버티지 못한다. 소유에 얽매인 사람이 행복할 수 없는 이유이다.

만약 나의 소유물이 곧 나라는 존재와 다를 바 없다면, 소유물을 잃은 나는 어떤 존재가 되는 걸까? 패배하고 좌절한 가엾은 인간, 그릇된 생활방식의 증거물에 불과할 것이다. 소유한 물건은 언제든 잃을 수 있으므로 우리는 그것이 손아귀에서 빠져나갈까봐 줄곧 조바심친다. 도둑을 겁내고, 경제 변동이나 체제 변화, 사고, 질병 등을 두려워한다. 자유, 만남, 이별, 모험, 미지의 것에 대해서도 불안과 공포를 느낀다.

이러한 소유의 삶과는 전혀 다른 존재의 삶이 있다. 글을 쓰거나 책을 읽는 것은 '존재의 열망' 때문이다. 소유의 욕망에 휩싸였다면 글을 쓸 시간에 돈 벌 궁리를 할 테고, 책 읽을 시간에 돈 되는 일을 한다. 하지만 우리가 글을 쓰고 책을 읽는 까닭은 소유만으로는 결핍감을 도저히 채울 수 없을뿐더러 삶이 행복하지 않기 때문이다. 이것이 '존재의 욕구'이다.

> 우리 인간은 존재하고자 하는, 뿌리 깊이 타고난 욕구를 지니고 있다. 자신의 능력을 표출하려는 욕구, 활동하고자 하는 욕구, 타인과 관계를 맺으려는 욕구, 이기심의 감옥에서 빠져나오려는 욕구 등등이다.

이웃과 더불어 살고, 선을 추구하는 이타적인 삶을 살고자 하는 이 모든 욕구의 밑바탕에는 한결같은 바람이 있다. 아직 오지 않은 내일의 행복이 아니라 지금 여기에서 오롯이 살아 있는 현재의 충만함을 누리는 것이다. 이를 가리켜 에리히 프롬은 "지금 내가 존재라고 말하는 것은 무엇을 소유하거나 소유하려고 탐하지 않고 기쁨에 차서 자신의 능력을 생산적으로 사용하고 세계와 하나가 되는, 그런 실존 양식을 의미한다"고 설명한다. 탐욕을 버리고 세상과 연대하며 평화와 기쁨을 누리는 존재 양식, 이것이 바로 행복한 삶이 아니겠느냐는 것이다.

오직 지금 여기에서 살라

우리가 지닌 소유의 욕망 또한 당연한 본능이 아니냐고 반문할 수도 있다. 그러나 에리히 프롬의 생각은 다르다. 소유의 욕망은 인간의 생래적 본능이 아니라 우리가 자본주의 체제 안에서 살아오는 동안 만들어지고 개발된 충동이라고 주장한다.

우리 모두는 존재의 욕구를 느낀다. 자신을 아끼고, 타인에게 친절하고, 여러 사람들과 깊은 교우를 나누며 평화롭게 살고 싶다. 내가 하고픈 일을 하면서 보람을 느끼고, 누군가에게 도움이 되는 일을 하기 원한다. 하지만 실천하기가 어렵다. 존재의 욕구를 용인하지 않는 사회에서 살고 있기 때문이다.

우리는 이익이 없거나 돈 되는 일이 아니면 하지 말라는 말을 어려

- 월든 호숫가에 복원된 헨리 데이비드 소로의 오두막집과 그의 조각상(왼쪽). 소로가 생활했던 오두막집의 내부(오른쪽). 소유하는 삶이 아니라 존재하는 삶을 선택했던 소로는 『월든』에서 이렇게 말했다. "간소하게, 간소하게, 간소하게 살라! 제발 바라건대, 여러분의 일을 두 가지나 세 가지로 줄일 것이며, 백 가지나 천 가지가 되도록 하지 말라."

서부터 줄기차게 듣는다. 그 결과 내가 뭔가를 하면서 얻는 기쁨(사용가치)보다 남들이 알아주고 보상(교환가치)해주는 기준에 맞춰 살게 된다. 그러면서 나 자신을 시장에 상품처럼 내놓고 잘 팔리며 비싼 값을 받는 인간이 되기 위해 애쓴다. 이처럼 자신을 채근하며 자기계발을 해온 나는 어느덧 '시장적 성격'이 되어버린다.

내가 이 현상을 '시장적 성격'이라고 칭하는 이유는 개개인이 자기 자신을 상품으로, 그리고 자신의 값을 '사용가치'로서가 아니라 '교환가치'로서 체험하고 있는 사실에 근거한다. 인간이 '인간시장'에

진열된 상품이 된 것이다. 여기서도 평가의 원칙은 상품시장에서
와 똑같으며, 단 한 가지 차이가 있다면 여기서는 '인품'이, 상품시
장에서는 상품이 매물로 제공될 뿐이다.

　인간시장의 상품이 되어 서로 사고 파는 동안 우리는 더더욱 소유
하는 삶에 집착하게 된다. 악순환의 길이다. 사회경제 구조에 따라
생겨난 소유에 대한 열망은, 남들보다 많이 소유하지 않으면 세상에
서 못난이라도 된 듯 스스로를 비하하고 절망하게 만든다. 소비하고
소유하려는 욕망 때문에 우리는 대부분의 일상 시간을 노동에 쏟아
붓는다. 그리고 마치 나 자신이 원해서 일하는 것인양 착각한다. 이
러한 착각은 우리의 의식 안에 단단히 자리잡고, 소비와 소유에 집착
하는 사회경제 구조를 재생산해낸다.

　그럼에도 우리는 더 많은 소비의 욕망 앞에서 한 걸음도 비켜날 생
각이 없다. 어쩌면 소유를 포기하지 못한다기보다는 소유의 올가미
에 걸려 옴짝달싹 못한다는 표현이 더 어울린다. 그래서 에리히 프롬
은 사회경제에 변혁이 필요하다고 주장한다. 그가 말하는 변혁은 "인
류가 살아남기 위한 적나라한 전제"이다. 세상이 변하면 사람들의
'마음'도 달라지기 때문이다.

　　그것은 무엇보다 인류가 살아남기 위한 적나라한 전제이다. 이제
　　역사상 처음으로 인류의 육체적 생존이 인간정신의 근본적 변화에
　　매달리게 된 것이다. 그러나 이 인간의 '마음' 안에서의 변화도 과감

한 경제적, 사회적 변혁이 일어나는 한에서만 가능하다. 이 외부의 변화가 인간 자체에 변화할 기회를 주며, 변화를 이루는 데 필요한 용기와 상상력을 부여할 것이다.

자본주의 체제 아래서 인간은 경제에 종속된 소비인간이 된다. 나는 나로서 살지 못한다. 존재 자체의 풍요를 누리지 못하고 욕망의 소비자로서 산다. 내 삶은 나로부터 소외된다. 낮 동안 아무리 열심히 일해도 밤이 되면 왠지 스산하고 외로워진다. 내 삶이 나의 것이 아니기 때문이다. 나만 쓸쓸한 게 아니다. 이 사람도 외롭고 저 사람도 외롭다. 우리 모두가 앓고 있으며, 병든 우리를 제물 삼아 경제체제는 팔팔하게 굴러간다.

바람직한 삶을 살고 싶다면, 존재의 가치를 실현하는 인생을 원한다면, 소비와 소유를 좇아 허덕이는 삶에서 벗어나야 한다. 살아 있음을 충분히 누리며 행복을 실현하는 삶을 간절히 욕망해야 한다.

인간이 자유로워지려면, 다시 말해 병적 과소비로 산업을 추진하는 악순환에서 빠져나오려면, 경제체제의 근본적 변혁이 있어야 한다. 병든 인간을 제물로 하고서 그 건강을 부지하는 오늘날의 경제적 상황에 종지부를 찍어야 한다. 우리의 과제는 건전한 인간을 위한 건전한 사회를 만드는 일이다.

존재의 가치를 중요하게 여기는 사람은 오직 지금 여기의 삶에 충실하고자 노력한다. 반면 소유하는 삶에 치중한 사람은 부와 명예, 학벌과 신분의 굴레에 얽매여 있다. 존재하는 삶과 소유하는 삶, 이 두 가지 실존 양식 가운데 무엇이 우리를 더 자유롭게 만드는지 깊게 사유할 시간이다.

소비하지 않을
권리

『소비의 사회』_ 장 보드리야르

장 보드리야르Jean Baudrillard(1929~2007)

미디어와 소비사회에 대한 이론으로 유명한 프랑스의 철학자이자 사회학자, 미디어 이론가이
다. 1968년『사물의 체계』발간을 시작으로 기호학, 마르크스 정치경제학, 소비사회 사회학을
결합해 현대사회를 탐구하는 데 평생을 바쳤다. 1970년 낭테르 대학 전임강사가 된 뒤 마르크
스 혁명론과 거리를 두기 시작했지만 한편으로는 마르크스의 상품 생산 비판을 바탕으로 한 자
본주의 비판을 이어나갔다.『소비의 사회』,『기호의 정치 경제학 비판을 위하여』,『생산의 거
울』,『푸코 잊기』,『침묵하는 다수의 그늘 아래서』,『유혹에 대하여』,『시뮬라시옹』등 40여 년
간 50여 권에 이르는 저서를 출판했다. 이미지와 미디어가 지배하는 세상에 대해 지속적이고
근본적인 사유를 펼친 보드리야르의 이론은 많은 분야에 직간접적인 영향을 끼쳤지만, 특히 미
국의 현대 예술가들에게 큰 영향을 준 것으로 평가받는다.

오늘은 또 무엇을 소비했는가

어떤 사물을 욕망하는 까닭은 단순히 '필요'해서만이 아니다. 사실 당장 없어도 크게 불편하지 않지만 갖기 위해 안달한다. 그 사물이 지닌 '기호'를 소비하고 싶어서이다. 오늘날의 소비는 '필요'에 의해 이뤄지지 않는다. 사물에 부여된 기호에 따라 불필요한 물건이 꼭 필요한 것으로 둔갑한다.

우리를 유혹하는 수많은 상품들은 "이걸 사면 행복해져요", "특별한 사람들만 이걸 살 수 있답니다" 등의 '행복의 기호'를 갖고 있다. 그래서 별 쓸모가 없는데도 그 상품을 갖지 않고는 못 배긴다. 나만 없는 것 같아 불행하게 느껴진다. 욕망하는 상품들을 전부 가진다고 해서 삶이 충만해지지는 않는다. 그런데도 우리는 그것들을 가져야만 행복해진다는 주술 같은 사고방식에 갇혀 있다. 소비하지 않으면 불행한 느낌에 사로잡힌다.

물건을 사는 데 돈을 아끼면 검소하다고 칭찬받는 게 아니라 가난한 사람으로 낙인찍힌다. 우리 모두가 소비 경쟁에 뛰어드는 연유이다. 내키는 대로 소비할 수 있는 특권까지는 못 누리더라도 빈곤한 사람은 되고 싶지 않다. 소비하지 않는 사람은 소비하지 못하는 사람, 곧 빈곤한 사람으로 취급된다. 쉴 새 없는 소비는 부자와 가난한 자를 구별짓는 행위로서 빈곤의 의미를 재생산한다.

소비사회는 서열화와 차별을 토대로 돌아간다. 무언가를 샀을 때의 만족감은 누군가의 박탈감을 필요로 한다. 특권은 차별과 맞물린다. 소비사회를 사는 우리가 일상에서 순간순간 히스테릭한 까닭은 번번이 차별을 경험하고 빈곤을 느끼기 때문인지도 모른다. 친구나 이웃을 만날 때도 알 수 없는 박탈감에 시달리는 오늘날의 우리는 자신의 빈곤을 감추고자 안달하면서 '히스테리 환자'가 되어간다.

빈곤의 히스테리에서 벗어나고 싶을 때, 소비에 집착하는 자신을 발견하고 소스라칠 때 프랑스의 사회학자 장 보드리야르의 『소비의 사회La societe de consommation』*는 신선한 깨우침으로 다가온다.

소비사회가 제대로 돌아가려면 끝없는 생산과 성장이 요구된다. 매년 발표되는 GDP 성장률에 사회 전체가 민감한 까닭도, 대통령 후보들이 경제성장률을 몇 퍼센트까지 이루겠다는 공약을 앞다퉈 내거는 까닭도 이 사회가 끊임없는 성장을 욕망하기 때문이다.

생산과 성장이라는 단어는 매우 '좋은 느낌'을 풍긴다. 어디에 가져다 붙여도 괜찮을 만큼 우리는 생산과 성장에 대한 강한 믿음을 갖고 있다. 물론 이 두 가지가 인류사회에 편리와 풍요를 안겨준 것은 사실이다. 그런데 과연 성장과 생산으로 우리 삶의 질이 높아졌다고 단언할 수 있을까?

> 풍부함, 즉 항상 증가하는 개인적 및 집단적 설비의 발전은 그 대가
> 로서 항상 더욱더 심각한 '공해'를 초래한다. 공해, 그것은 한편에서
> 는 산업발전과 기술진보의 결과이며, 다른 한편에서는 소비 구조
> 자체의 결과이다.
> 경제활동에 의한 집합적 생활환경의 파손: 소음, 대기와 물의 오염,
> 자연경관의 파괴, 새로운 시설(공항, 고속도로 등)의 건설에 의한
> 주택 지역의 혼란, 자동차의 범람, 심리 장애, 인명 손실을 초래한
> 다. 그것은 아무래도 좋다. 왜냐하면 필요한 기간 시설에의 과잉투
> 자, 가솔린의 추가 소비, 교통사고를 당한 사람들의 치료비 등은 모
> 두 장부상으로는 소비로 기록되고, 국민총생산과 여러 통계에 넣
> 어져서 경제성과 부의 지수가 되기 때문이다!

강에 시멘트를 들이부어 강물이 썩어도, 공장을 더 늘려서 공기가
오염되어도, 온갖 소음으로 밤이 시끄러워도, 자동차 사고로 날마다
수많은 사람이 죽고 다쳐도, 이 모두가 소비로 기록되고 GDP 수치를
높이는 데 이바지한다. 사람을 죽이는 전쟁에 필요한 무기를 많이 만
들수록 경제는 성장하고 생산성은 높아진다. 생산성이 증가하면 우
리의 삶이 더 행복해진다는 논리는 허상이다. GDP 성장률은 인간의
행복을 보장해주지 않는다.

성장만 추구하는 사회는 결핍감과 소유욕을 축으로 지탱된다. 그

래서 구성원들의 마음은 언제나 궁핍하다. 늘 부족하고 불만스럽다. 만족감과 풍요로움을 느낄 겨를이 없다. 사람들은 쫓기듯 일하고, 필요도 없이 재화를 써버리면서 소비사회를 유지해나간다.

이대로 가다간 지구 자원이 바닥날 거라는 우려 가득한 전망이 쏟아져 나오지만 우리는 소비와 생산을 줄이지 못한다. 불황이 찾아오면 잠깐 움츠러들다가도 얼마 지나지 않아 더 많이 소비하고 그에 따라 생산도 늘어난다.

갈수록 돈을 노린 범죄들이 들끓고, 몇몇 위정자와 기업들의 주머니를 채우기 위해 나랏돈으로 쓸데없는 공사들을 벌이면서 자연환경을 망가뜨려도 사람들은 잠잠하다. 소비사회는 "배려의 심급을 증가시킴으로써" 대중으로 하여금 문제의식을 갖지 못하도록 만들기 때문이다. 배려의 심급審級, instance이란, 온갖 TV 예능 프로그램과 스포츠, 대중문화처럼 우리가 세상을 인지하고 사유하는 걸 가로막으면서 삶의 불안을 달래주는 기구나 제도, 장치들을 말한다. 소비사회가 만들어내는 고통이나 죄의식을 누그러뜨리고자 자본주의 체제는 수많은 진정제와 치료법을 쏟아낸다.

> 사회는 배려의 심급을 증가시킴으로써(집단을 대상으로 하는 역할, 직무, 서비스를 무수히 늘림으로써) 이 고뇌를 흡수하고자 한다. 도처에서 고통이나 죄의식을 완화시키고 미소를 흩뿌리고, 심리적 마찰을 적게 하기 위한 수단이(마치 더러움을 없애는 세제처럼) 강구되고 있다. 고뇌를 다 먹어치우는 효소를 주입하는 것처럼

실제로 모든 종류의 진정제, 마약, 치료법이 팔리고 있다. 얼마나 허무한 일인가! 욕구의 끝없는 충족을 낳은 풍부한 사회는 이 충족에서 생기는 고뇌를 완화시키고자 전력을 다한다.

끝없이 이어지는 소비 훈련

왜 우리는 소비를 좋아하고 욕망할까? 이 소비 욕구는 자연스러운가? 불과 100년 전만 해도 사람들의 소비 열망은 오늘날처럼 크지 않았다. 한국뿐 아니라 지구마을을 통틀어 봐도 소비사회가 출현한 지는 그리 오래되지 않았다.

장 보드리야르는 사람들이 소비 훈련을 받으면서 소비자가 되어갔다고 말한다. 18~19세기 유럽에 산업화가 시작되면서 농촌이 무너지고 농민들이 공장노동자가 되어 이전과는 다른 일상을 살도록 훈육되었듯이, 상품에 별 흥미가 없던 사람들로 하여금 소비 습관에 물들도록 체계와 조직을 갖춰 훈련이 이뤄졌다는 것이다. 이러한 과정은 지금도 진행중이다.

현재 행해지고 있는 체계적이고 조직적인 소비 훈련은 사실 19세기 내내 이뤄진 대대적인 훈련, 즉 농촌인구를 산업노동으로 유입시킨 작업의 20세기식 등가물이며 그 연장이라는 것을 사람들은

근대적 백화점의 시조로 일컬어지는 프랑스 봉마르셰 백화점 신관 크리스탈
홀. 1852년에 개점한 봉마르셰는 나폴레옹 3세 때 매우 번창했으며, 파리인
들 사이에서 베르사유 궁전에 버금가는 '소비의 궁전'으로 불렸다. 세기의 유
명 건축가 에펠이 철골과 유리를 사용하여 만든 이 홀에서 사람들은 마치 미
술관에 전시된 그림을 관람하듯이 행복의 기호로 포장된 상품을 구경하고 구
매했다.

잘 알아차리지 못하고 있다. 19세기의 생산 영역에서 일어난 생산력 합리화 과정, 바로 이것이 20세기의 소비 영역에서 그 결말을 찾고 있다.

소비사회가 명령하고 거기에 맞춰 우리가 움직이는 꼴이다. 소비 훈련이 이뤄지고 나면 마치 내가 스스로 원했던 것마냥 밤낮으로 소비하며 살아가게 된다. 옛날에는 조금 궁핍할지언정 한가로이 여유가 있었던 사람들이 이제는 '월화수목금금금' 1년 365일 아침부터 밤까지 일하는 노동자 생활에 익숙해지고, 그 안에서 쉴 새 없이 상품을 욕구하고 소비하고 있다.

훈련은 끝이 없다. 방송과 잡지들이 유행을 조장하면 사람들의 소비가 뒤를 따른다. 길거리에 흘러넘치는 유행의 흐름을 따르지 않으면 뒤처지는 것 같은 불안감이 생겨난다. 지금은 세련되지만 잠깐만 방심해도 금세 구닥다리가 되기 때문에 줄기차게 재교육을 받는다. 주기를 타고 등장하는 유행에 맞춰 상품이 생산되고 사람들은 줄지어 구매한다. 최신 패션 정보에 예민하고 계절마다 옷을 사고 2~3년마다 휴대전화를 최신 제품으로 바꾸지 않으면 소비사회의 진정한 일원이 되지 못하기 때문이다.

소비는 어느덧 즐거움이나 권리가 아니라 의무가 되었다. 소비는 이제 사회적 노동이다. 우리에게 상표를 고를 자유는 있을지언정 끝없는 소비에서 벗어날 자유는 없다. 소비에 대한 자유가 강제되는 사회에서 계속 소비하지 않고 살기란 여간해서 힘들다.

과소비를 추방하자던 국가가 소비를 많이 하라고 부채질한다. 국민이 필요한 만큼만 소비하면 경제구조가 무너지기 때문에 자본주의 체계는 어떻게든 필요하지 않은 것조차 소비하도록 강제할 수밖에 없다.

　　　　다시 말하면 소비는 사회적 노동이다. 소비자는(오늘날에는 아마도 생산의 수준에서와 마찬가지로) 소비의 수준에서도 노동하기를 요구받고 또 동원되고 있다. … 체계 자신이 그 모순을 강화된 강제로밖에 대응할 수 없다는 사실은 오로지 소비가 거대한 정치 영역이라는 것을 증명할 뿐이다.

　　소비는 이데올로기로서 이 세상을 하나로 묶는 코드가 되었다. 정치 성향에 따라서는 좌우로 갈라서도 소비를 두고는 온 사회가 통합된다. 개인의 자유보다 공동체의 질서가 우선하던 사회의 종교의례처럼 소비는 우리의 의식을 한덩어리로 묶는다. 자본주의 체제에 어울리는 고분고분한 소비자로 살아가도록 만든다.

　　오늘날 소비가 심각한 사회문제들을 일으키고 있지만 소비를 줄여야 한다는 목소리는 들리지 않는다. 모두가 공범이기 때문이다. 간혹 몇몇 사람이 비판의 소리를 내지만 큰 울림을 낳지 못한다.

　　소비사회는 모든 사람들을 다만 소비자로서 살아가게 만든다. 그러나 소비자들은 스스로의 정체성을 의심할 줄 모른다. 소비자로서의 시민은 각자 등을 돌리고 고립되어 서로에게 관심 없는 한몸으로 살아갈 뿐이다.

소비자인 한에서는, 사람은 다시 고립되고 뿔뿔이 떨어져서 기껏
해야 서로 무관심한 군중이 될 뿐이다(가정에서 텔레비전을 보는
사람들, 경기장 및 영화관의 관중 등). 소비의 구조는 매우 유동적
인 동시에 폐쇄적이다.

소비사회는 제각기 다른 사람들을 하나의 코드로 묶어주지만 그
뿐이다. 같은 브랜드를 원하고 같은 예능 프로그램을 좋아하고 같은
영화를 보지만 사람들 사이에 진정한 유대는 생기지 않는다.
소비의 구조는 폐쇄적인 독방과 비슷하다. 우리는 소비자가 되어
더 많은 소비를 욕망할 뿐 조각난 채 흩어져 서로에게 소외되어 살아
간다. 연대하지 않을 뿐더러 다른 세상을 꿈꾸지도 못한다. 당장 옆
사람들과 벌이는 소비 경쟁에서 이기는 일이 더 중요하다.
우리는 하찮은 차이라도 남보다 앞서기 위해 소비의 대상을 늘리
고 소비의 범주를 넓힌다. 경쟁은 날로 치열해지고 그 가운데 우리는
지치고 고달프다. 그러나 소비사회의 경쟁 원리는 갈수록 견고해지
고, 모든 수준에서 관철되며, 우리의 삶 속에서 절대 기준으로 작용
한다. 전체주의화된 것이다.

소비자는 결국 자기 삶을 소비한다

정치제도로서의 자유민주주의와 경제구조로서의 자본주의는 근대사회의 토대이다. 우리의 사유는 이 토대 바깥을 상상하지 못한다. 그래서 걸핏하면 발생하는 경제위기가 사회를 위협하는데도 그저 자본주의 체제를 조금 고쳐쓰면 괜찮아질 거라는 한가로운 주장들이 곧잘 제기된다.

과연 그럴까? 자본주의 틀은 그대로 두되 그 내용을 조금 '착하게' 바꾸면 나아질 거라는 생각은 환상이라고 장 보드리야르는 비판한다. 자본주의라는 체계는 앞에 낭떠러지가 있어도 뛰던 대로 내달리는 눈 먼 경주마처럼 오직 더 많은 생산과 소비를 할 수밖에 없다. 속도를 조금 늦추면 잠시 시간을 벌 수 있겠지만, 벼랑 끝에 이른다는 사실은 달라지지 않는다.

> 체계는 자신이 살아남기 위한 조건만을 알고 있을 뿐 사회와 개인의 내용에 대해서는 아무것도 모른다. 이것을 알아차리게 되면(전형적으로 사회개량주의적인) 약간의 환상, 즉 체계의 내용을 변화시키면(군사예산을 교육에 이전하는 것 등) 체계 자체를 바꿀 수 있다는 환상은 사라진다.

장 보드리야르는 사회조직 및 사회관계의 혁명만이 진정한 민주주의 사회를 만들 수 있다고 생각한다. 그렇지만 사회관계의 혁명을 일으킬 '주체'들이 보이지 않았다. 마르크스주의에 따르면, 생산수단을 소유하지 않고 자신의 노동력을 팔아 그 대가로 생활하는 무산계급인 프롤레타리아트가 혁명의 주체이지만 장 보드리야르가 살았던 20세기 중턱의 유럽에서는 노동자계급이 더 이상 평등사회를 열어갈 주체로 여겨지지 않았다. 여러 학자들이 학생, 지식인, 이주노동자, 여성 등 다양한 주체들을 연구했지만 사회를 확실히 바꿀 수 있다고 모두가 동의할 만한 분명한 주체를 꼽을 수 없었다. 심지어 '주체의 죽음'이 학계를 휩쓸었다.

장 보드리야르는 나이가 들수록 염세와 냉소에 빠졌다. 소비사회에서 벗어날 뾰족한 수가 없고, 사회를 바꿀 주체도 보이지 않았기 때문이다. 그는, 1968년 5월 프랑스 드골 정부의 실정과 사회 모순으로 일어난 68혁명처럼, 예측할 수는 없지만 인류사에 일어났던 수많은 사건들이 도래하길 기다리다 지난 2007년 작고했다.

> 사물의 배후에는 텅 빈 인간관계가 있고, 엄청난 규모로 동원된 생산력과 사회적 힘이 물상화되어 돋보이게 된다. 어느 날 갑자기 난폭한 폭발과 붕괴의 과정이 시작되어 1968년 5월과 같이, 예측은 할 수 없지만 확실한 방식으로 [검은 미사가 아니라] 이 [소비의] 하얀 미사를 때려부수기를 기다려보자.

너 나 할 것 없이 텔레비전이 있고 스마트폰이 있는 세상이다. 속사정은 어떻든지 간에 겉모습은 민주화된 듯이 보이는 사회에서 우리는 나름대로 평등하게 살아간다고 믿고 있다. 그런데 소비와 경쟁을 부추기는 사회에서 소비자는 정말 자기 의지대로 자유롭게 살 수 있을까? 혹시 나는 상품이 아니라 내 삶을 소비하도록 훈련받은 것은 아닐까? 겹겹으로 높게 둘러쳐진 소비의 담장을 뛰어넘을 길은 과연 없는 것일까? 소비자로 살지 않을 자유와 권리는 이러한 문제들을 진지하게 고민하는 사람만이 누릴 수 있다.

무엇이
우리의 삶을
쓰레기로 만드는가

『쓰레기가 되는 삶들』_ 지그문트 바우만

지그문트 바우만Zygmunt Bauman(1925~)

폴란드 출신의 사회학자로 오늘날 가장 주목받는 탈근대 사상가 중 한 사람이다. 1968년 공산당이 주도한 반유대 캠페인의 절정기에 교수직을 잃고 국적을 박탈당한 채 조국을 떠났다. 1971년 리즈 대학 사회학과 교수로 부임하며 영국에 정착했고, 1990년 정년 퇴직 후 리즈 대학과 바르샤바 대학 명예교수로 활동하고 있다. 1989년에 발표한 『근대성과 홀로코스트』로 세계적인 명성을 얻었고, 1990년대 탈근대 문제를 본격적으로 다루며 명성을 쌓았다. 2000년대 현대사회의 유동성과 인간의 조건을 분석하는 '액체 근대Liquid Modernity' 시리즈로 대중적 인지도를 높였다. 2010년 프랑스 사회학자 알랭 투렌과 함께 "지금 유럽의 사상을 대표하는 최고봉"이라는 찬사를 받으며 아스투리아스 상을 수상했다. 지은 책으로『왜 우리는 불평등을 감수하는가?』,『고독을 잃어버린 시간』,『모두스 비벤디』,『쓰레기가 되는 삶들』등이 있다.

허망하고 불안한 관계

지그문트 바우만은 현대를 성찰하고 분석하는 사회학자이다. 근/현대성modernity을 연구하는 그는 새로운 근대화가 진행되고 있다고 보고, 이 변화를 액체화로 설명한다. 이제는 모든 것이 액체처럼 유동하고 요동친다. 과거에는 가족, 마을, 전통, 관습, 신분, 직업, 삶의 이유 등이 고체처럼 견고했는데, 현대엔 어떤 것도 고정되지 않는다. 마구 움직이고 흔들린다.

현대의 액체화는 인간의 삶을 좀 더 자유롭게 만들어주었다. 성별이나 지역, 인종에 따른 차별이 말끔히 없어지진 않았지만 적어도 외관상으로는 신분으로 사람의 위계가 정해지거나 성별에 따라 인생이 판가름 나지는 않는다. 스스로 원하는 분야에 뛰어들고 노력하면서 자기 삶을 꾸려나갈 수 있다.

그런데 이상하게도 과거와는 비교할 수 없을 만큼의 불안에 시달린다. 선조들이 부모의 직업을 물려받고 어제처럼 오늘을 살고 올해와 비슷한 이듬해를 예상했다면, 우리는 앞날을 가늠하기 힘든 불확실성의 시대를 살고 있다. 국가도 어떻게 해줄 도리가 없다. 세계화는 일개 국가가 어찌할 수 없는 격변이다. 자본이 세상에 변화의 소용돌이를 일으키고, 모든 것이 자본의 흐름에 나부낀다. 언제 어디서 무슨 일이 터질지 누구도 모른다.

지그문트 바우만은 2004년에 출간한 『쓰레기가 되는 삶들Wasted Lives: Modernity and its Outcasts』*에서 불안의 핵심을 이렇게 간파했다.

> 이 불안은 상실감과 불운의 고통스러운 경험에 의해 조성된다. 우리만 그런 게 아니며, 누구도 통제할 수 없고, 누구도 내막을 모른다. 언제 어디서 다음에 재난이 닥칠지, 파장은 어디까지 미칠지, 그러한 격변이 얼마나 치명적일지 알 도리가 없다. 불확실성과 그로 인해 생긴 괴로움은 지구화의 주요 산물이다. 국가권력은 불확실성을 박살내기는 고사하고 진정시키기도 힘들다. 국가권력이 할 수 있는 일이라곤 기껏해야 불안의 초점을 손에 닿는 대상으로 다시 맞추는 것뿐이다.

국민을 보호해주리라 믿었던 국가마저 자본의 거센 파고 앞에 휘청거리는 상황이다. 인간은 자본의 이윤을 늘리기 위한 불쏘시개로 쓰여진다. 쓸모가 없어지면 언제든지 버려진다. 경제구조의 변화는 인간관계에 영향을 미친다. 요즘의 인간관계가 무심하고 소홀한 까닭은 자본이 인간을 대하듯이 우리가 서로를 대하기 때문이다. 인간관계조차 비정규직화되었다.

자본에 대한 규제는 갈수록 풀어지고 해고는 유연해지면서 인간관계가 너무나 허망하게 끊어진다. 쓸모 있던 사물과 필수 불가결했던 인간관계라도 더 이상 필요가 없으면 속절없이 버려지고 단절된다. 쓰레기가 되고 만다. 쓰레기는 버려지는 모든 것을 가리킨다. 한때 간절히 원했던 구두였지만 흠집이 나거나 유행이 지나면 쓰레기통에 버리듯이 내 삶을 따뜻하게 감싸줬던 인간관계도 별 필요가 없어지면 쓰레기가 된다. 과거에는 더 이상 쓰지 않는다고 해서 물건을 함부로 버리는 일이 거의 없었고, 그만큼 쓰레기도 적었다. 어떤 물건이든 닳도록 쓰고 소중히 간직했다. 인간관계도 평생을 갔다. 쓰레기는 현대가 낳은 산물이다. 쓰레기는 이 시대의 중대한 고민거리이자 세상을 성찰하게 하는 거울이다.

설계 강박증에 빠진 현대인

변화에 대한 믿음이나 의지가 적었던 과거에 비해 현대는 모든 것이 빠르게 변화하고, 어떤 것도 바꿀 수 있다는 믿음이 강하다. 변화 가능하다는 믿음이야말로 현대의 특징이다.

조금이라도 낫게 변하겠다는 마음 자체는 문제가 아니다. 그러나 변화에 대한 열망이 강박이 되면 얘기가 달라진다. 변화하지 않으면

— 오늘은 유용한 물건이 내일이면 쓰레기가 된다. 어떤 것도 진정으로 필요하지 않고, 대체불가능한 것도 없다. 물건이든 인간이든 사용기한은 짧아지고, 쓸모가 없어지면 가차없이 폐기된다. 재활용할 여지도 없는 그것들은 사방에서 수거되어 쓰레기하치장에 켜켜이 쌓인다.

패배자가 된다는 두려움과 무슨 일이라도 해야 한다는 조바심 속에서 일상을 살아간다. 자신을 다르게 만들고, 생각을 고치고, 삶을 바꿔야 한다는 욕망에 들볶인다. 끊임없이 변하지 않으면 큰일 날 것 같은 불안에 시달린다.

우리는 변하기 위해서 계획을 세운다. 작심삼일에 그치는 새해 계획을 비롯하여 거의 날마다 여러 걱정 속에 별의 별 계획을 짜고, 머리를 맞대고 회의에 회의를 거듭한다. 지그문트 바우만은 이를 "설계하기"라고 규정한다. 나도, 회사도, 정부도 설계를 하고 계획을 세운다. 계획이 없으면 곧 파국이 닥치는양 엉성한 계획이라도 구상한다. 현대는 설계 강박증과 설계 중독에 빠진 상태라고 지그문트 바우만은 진단한다.

여기서 쓰레기 문제가 발생한다. 설계는 특정한 목표를 설정하고 나머지 다른 것들을 무시하고 외면하는 과정을 동반한다. 설계는 무엇이 가치 있고 가치 없는지, 어떤 것이 쓸모가 있고 쓸데가 없는지 구분 짓는다. 따라서 설계에 포함되지 않거나 가치가 없다고 판단되어 누락되는 것들은 어쩔 수 없이 쓰레기가 되고만다. "우리의 시야 밖으로, 우리의 생각 밖으로, 우리의 행동 범위 밖으로, 또한 이 과정에서 버려진 나머지 것은 무엇이든 즉각 설계 과정의 쓰레기가 되어야 한다."

설계 과정만이 아니라 실행 단계에서도 예상치 못한 쓰레기들이 만들어진다. 설계 목적이 폐기되면서 설계 자체가 쓰레기가 되기도 한다. 하지만 설계의 실패를 숱하게 겪어도 설계에 대한 현대인의 욕망은 수그러들지 않는다. 설계 자체가 설계를 하는 가장 중요한 동기이기 때문이다. 설계를 위한 설계이다. 현대인은 계획을 덜 세우거나 없어도 된다는 생각은 하지 못한 채 또 다시 계획 세우는 데 정력을 쏟는다. 쓸데없이 설계를 줄기차게 하면서 시간과 정열을 낭비한다. 설계에 중독된 나머지 우리의 인생은 제대로 살아보지도 못한 채 쓰레기가 되어간다.

설계의 양이 많아지고 규모가 커질수록 쓰레기 문제가 심각해지는데, 사람들은 그것을 인식하지 못한다. 쓰레기를 잘 처리해서가 아니라 쓰레기에 대해 생각하지 않고 회피하도록 길들여졌기 때문이다. "쓰레기를 보지 않음으로써 보이지 않게, 생각하지 않음으로써 생각할 수 없도록 만든다"고 지그문트 바우만은 말한다. 현대인은 안락한 생활을 하면서 쓰레기들을 산더미처럼 만들어내지만 문제의식은 거의 없다.

그러나 조금만 관심을 갖고 보면 쓰레기에 대한 엄청난 진실과 마주하게 된다. 인터넷에는 쓰레기와 관련된 웹사이트들이 생각보다 훨씬 많다. 드러나지 않았을 뿐 쓰레기 문제는 이미 사회 전반에 걸쳐 중요한 관심 대상이 되었다. 지그문트 바우만의 말에 따르면, "쓰레기는 우리 시대의 가장 괴로운 문제인 동시에 가장 철저하게 지켜지는 비밀"이다.

모두가 괴로워하면서 끙끙대지만 아무도 말하지 않는 쓰레기 문제를 지그문트 바우만은 비유를 들어 설명한다. 두 종류의 트럭이 세상을 움직이고 있다. 하나는 공장에서 만들어진 상품을 창고와 백화점, 가정으로 나르는 트럭이다. 또 하나는 세상의 오만 군데서 온갖 것을 실은 뒤 쓰레기장으로 향하는 트럭이다. 우리는 첫 번째 트럭에만 열중하고 열광한다. "우리를 둘러싼 이야기는 첫 번째 종류의 트럭만 주목하라고(중시하고, 가치를 두고, 관심을 가지라고) 우리를 훈련시켜왔다." 우리는 쓰레기 문제에 둔감하고 무감각하도록 길들여진 것이다.

잉여인간들

쓰레기 문제는 단지 사물만이 아니라 인간으로 확장된다. 사회에서는 인간을 대상으로 설계가 이뤄진다. 자본권력과 국가권력은 효율성 있고 생산성 높은 인간을 만들어내고자 교육과 훈련을 시킨다. 하지만 설계가 있는 곳에 쓰레기가 있듯 인간을 설계하는 과정에서도 어김없이 쓰레기들이 생겨난다. 현대화는 수많은 사람들을 가치 없고 불필요한 존재로 만들어버렸다.

인간쓰레기 또는 쓰레기가 된 인간들은 지구화가 낳은 불가피한 산물이다. 자본의 질서는 이윤을 늘리는 데 적합하지 않다고 여겨지는 사람들을 피도 눈물도 없이 쓰레기 취급한다. 경제가 발달하면서 농업이나 목축업은 생산성이 낮다고 평가절하되었고, 소박하게나마 자기 힘으로 삶을 꾸려가던 수많은 사람들이 자신의 생활수단을 박탈당했다. 자본의 세계화가 진행될수록 인간이 쓰레기가 되는 속도는 한층 빨라졌고 규모는 거대해졌다.

세상의 진보에 대해 고민해야 하는 지점이다. 더 나은 생활을 위해 진보한다고 믿어왔는데, 버려지고 파괴되는 인간들이 걷잡을 수 없이 늘어나고 있다. 지그문트 바우만은 이러한 진보를 차에 비유한다. 진보라는 차가 우리를 행복하게 해줄 줄 알았는데 알고 보니 그 차를 모두 탈 수 있는 게 아니었고, 차에 오를 수 있는 사람들도 갈수록 적어지고 있다.

다른 사람들이 점점 더 속도를 내고 있는 차에 뛰어 올라타는 데 성공해 승차감을 만끽하는 동안 이들보다 덜 영리하고, 덜 기민하고, 약삭빠르지 못하고, 힘이 없거나 덜 모험적인 다른 많은 사람들은 뒤처지거나 만원이 된 차량에 들어가지 못하게 저지당했으며, 그나마 차바퀴에 깔려 완전히 박살나지 않으면 다행이었다. 진보라는 차의 좌석과 입석 수는 통상 차에 타려는 승객을 모두 수용하기에 충분하지 않았으며, 따라서 승차는 언제나 선별적이었다. 아마 이것 때문에 많은 사람들에게 차에 올라타는 것이 달콤한 꿈이 되었던 것 같다. 진보는 '더 많은 사람에게 더 많은 행복을'이라는 구호 아래 선전되었다. 그러나 차를 계속 달리게 하는 데, 속력을 높이는 데, 한때는 협상하고 침략하고 정복하는 데 지금보다 훨씬 더 많은 사람들이 필요했던 높이까지 오르는 데 이제는 더 적은(갈수록 더 적은) 사람만이 필요하다.

차에 타지 못한 사람들은 '잉여'들이다. 잉여는 실업과 다르다. 실업unemployment은 고용되지employment 않은un 상황이다. 직장이 있는 정상 상태에서 벗어났음을 뜻한다. 이에 반해 잉여surplus는 그 자체로 일상이고 정상의 상태이다. 실업자는 노동현장으로 되돌아가지만 잉여는 갈 곳이 없다. 이전까지 잉여인간 문제는 새롭게 개발되는 사회로 이주하면서 해결되었는데, 이제 지구는 구석구석 인간들로 넘쳐나는 상태라고 지그문트 바우만은 우려를 표명한다. "간단히 말해 새로 지구가 만원 상태에 이르게 된 것은 본질적으로 인간쓰레기

처리 산업이 심각한 위기를 맞이했다는 것을 의미한다."

우리는 '인간쓰레기' 문제를 이미 심각하게 겪고 있다. 청년 백수들뿐 아니라 노인, 이주 노동자, 장애인, 불법 체류자, 가난한 나라의 국민들, 곧 '인간쓰레기'를 대하는 시선을 생각해보라.

'우리'는 지구의 인구가 너무 많다고 걱정한다. 인구가 70억이 넘었다고, 이대로 가면 지구가 버티지 못한다고 불안해한다. 그런데 언제나 '그들'만 너무 많다. 우리의 소비 습관과 우리가 만들어내는 쓰레기는 생각하지 않은 채 소비생활을 할 여력도 없는 수많은 '그들'에게 지구 파멸의 책임을 덤터기 씌운다. 지그문트 바우만은 "그들은 언제나 너무 많다. '그들'이란 적으면 적을수록, 더 낫게는 아예 없어야 좋은 사람들이다. 반면 우리가 충분한 적은 결코 없다. '우리'는 많으면 많을수록 좋은 사람들이다"라며 우리의 기만과 위선을 비판한다. 지구 파탄의 책임은 자연을 닥치는 대로 파괴하고 쓰레기를 마구잡이로 쏟아내는 '우리'에게 있다.

그러나 우리는 소비생활을 포기하지 않는다. 반성하지도 않는다. 소비자로 길러져 권태와 수고를 싫어한다. 고민하고 고생하는 걸 원치 않는다. 즐기길 원하고 쾌락을 욕망한다. 마구 소비하고 갖가지 욕망을 충족시키면서 쓰레기들을 배출하지만 내 손으로 치우지는 않는다. 사회를 유지하는 데 필요한 궂은일은 늘어가는데, 그 일을 하려는 사람들은 줄어든다. 그래서 '그들'을 활용한다. 저임금을 주면서 힘들고Difficult, 더럽고Dirty, 위험한Dangerous 3D업종에 종사시키고, 사회에서 생기는 온갖 쓰레기들을 수거하게 한다. 그러면서 그들을 경멸한다. 그들을 이용하면서도 싫어하고 거리를 두면서 불안감을 느낀다.

인간쓰레기는 늘어나고, '그들'이 점차 우리 일상으로 가까이 들어오면서 불안은 증식된다. 때때로 흉한 사건사고 소식이 들리면서 타인에 대한 혐오와 공격성은 강해진다. 더불어 '안전산업'이 활개친다. 더 많은 경비와 검문, CCTV와 호신용 무기, 사설경호업체 등등 우리에게 인간쓰레기가 접근하지 못하도록 처리하는 안전산업이 급격히 성장하고 있다. 미국은 이미 민간수용소가 우후죽순처럼 늘어났다. 인간쓰레기들은 재활용할 필요조차 없는 처리와 폐기의 대상으로 전락했다.

우리가 갈 곳은 쓰레기 처리장뿐인가

인간관계는 일종의 상품이 되었다. 깐깐히 비교하며 돈과 시간을 들여 구매하지만 만족감이 떨어지면 신상품으로 바꾸면서 가차없이 버리는 물건의 처지가 되고 말았다. 지금은 친하게 지내고 연락을 자주하는 지인이지만 관계가 언제 끊어질지 모른다. 이제 누구도 상대와의 친분을 장담하지 못한다. 곁에 있는 사람들이 머지않아 떠날 것을 예감하면서 우리는 고독과 공허를 체감한다.

우리는 소비사회의 소비자들이다. 소비사회는 시장사회이다. 우리는 모두 시장에서 고객과 상품의 역할을 동시에 하며 이 역할은 언제든지 바뀔 수 있다. 인간관계의 사용/소비가 자동차 사용/소비의 유형을 재빨리 따라잡으며, 구매에서 시작해 쓰레기 처리로 끝나는 주기를 반복하는 것은 전혀 놀랄 일이 아니다.

온라인과 통신수단의 발달로 인간관계가 풍성해지고 다양해진 듯싶지만 사실은 오히려 변변찮아지고 밍밍해졌다. 가끔 연락을 나누는 사람들만 늘어났다. 바빠서 만날 시간이 없다고 말하지만 본심은 인간관계에서 치러야 하는 지지고 볶는 수고를 거부하는 것이다. 감정노동과 번거로움이 싫어서이다. 더군다나 인간관계에서 나의 금전과 시간을 손해보면 화가 난다.

휴대폰 연락처 목록에는 관계의 온도가 미지근한 지인들로 가득하다. 그들은 허깨비 같은 존재여서 언제든지 삭제될 수 있다. 내 전화번호와 정보 역시 그들에게서 쓰레기로 버림받을 수 있다. 현대사회의 특징이다. "누구도 쓰레기 처리장이라는 유령이 완벽히 퇴치되었다고 자신할 수 없으며, 불량품으로 판정되어 쓰레기로 지정될 위험을 확실히 피했다고 생각할 수 없다."

요즘의 우리는 느긋하게 기다리지 못한다. 속도의 시대에 느림과 기다림이 익숙하지 않아서겠지만 기다림 속에서 '잉여의 징후'를 느끼기 때문이기도 하다. 기다리는 것은 자신이 상대에게 중요한 사람이 아니라는 신호로 작용하면서 버려질 수도 있다는 불안을 증폭시킨다. 기다리게 되면 "자기가 진짜 필요한 존재가 못되는 게 아닌가 하는 의구심─의식 수준과 결코 멀리 떨어지지 않은 직관─이 이제 표면으로 떠올라 수많은 파문을 일으키게 된다." 권력과 지위를 가진 이들은 특권을 이용하여 절차를 어기고 기다리지 않는다. 기다리는 일은 가난하고 약한 자들의 몫이다. 기다린다는 건 "거절의 징후이자 배제의 신호"이다. 기다림은 모욕이 된다.

사람을 이용만 하고 버리는 세태 속에서 우리는 언제 버려질지 몰라 두려워한다. 헤아릴 수 없는 잉여들이 생겨나고 인간쓰레기들이 넘쳐나는 세상에서 나도 그런 존재가 될까봐 전전긍긍한다. 안간힘을 쓰더라도 경제구조상 누군가는 어쩔 수 없이 인간쓰레기가 된다. 나 역시 예외가 아니다. 열심히 살지만 우리의 하루하루가 불안한 이유이다.

자기
감시로부터의
자유

『감시와 처벌』_ 미셸 푸코

- 미셸 푸코Michel Foucault(1926~1984)

현대 프랑스를 대표하는 철학자 중 한 사람으로, 비단 철학뿐만 아니라 역사학, 사회학, 정치학, 심리학, 문학 이론 등 다양한 분야에 폭넓은 영향을 미쳤다. 파리고등사범학교에 입학해 루이 알튀세르, 장 이폴리트, 모리스 메를로-퐁티, 조르주 캉길렘 등에게 가르침을 받았고, 1955년 스웨덴 웁살라 대학에서 첫 강의를 맡은 뒤 폴란드 바르샤바 대학, 클레르몽페랑 대학, 뱅센 대학, 콜레주드프랑스 등 여러 대학에서 학생들을 가르쳤다. 첫 저서 『정신병과 인격』을 시작으로 『광기의 역사』, 『말과 사물』, 『지식의 고고학』, 『감시와 처벌』, 『성의 역사』 등 숱한 문제작을 잇달아 발표한 푸코는 사망하기 직전까지 당대를 대표하는 철학자이자 정치적 투사로 많은 사람들에게 강렬한 지적 자극을 주었다.

왜 죄수를 공개 처형하는가

해마다 발표되는 권장도서 목록에 언제나 이름을 올리는 미셸 푸코의 『감시와 처벌Surveiller et punir』*은 다미엥이라는 죄수를 처형하는 장면으로 시작된다.

"손에 2파운드 무게의 뜨거운 밀랍으로 만든 횃불을 들고, 속옷 차림으로 파리의 노트르담 대성당의 정문 앞에 사형수 호송차로 실려와, 공개적으로 사죄를 할 것." 다음으로 "상기한 호송차로 그레브 광장에 옮겨간 다음, 그곳에 설치된 처형대 위에서 가슴, 팔, 넓적다리, 장딴지를 뜨겁게 달군 쇠집게로 고문하고, 그 오른손은 국왕을 살해하려 했을 때의 단도를 잡게 한 채 유황불로 태워야 한다. 계속해서 쇠집게로 지진 곳에 불로 녹인 납, 펄펄 끓는 기름, 지글지글 끓는 송진, 밀랍과 유황의 용해물을 붓고, 몸은 네 마리의 말이 잡아끌어 사지를 절단하게 한 뒤, 손발과 몸은 불태워 없애고 그재는 바람에 날려버린다."

1757년 프랑스 국왕 루이 15세를 살해하려다 실패한 로베르 프랑수아 다미엥은 광장에서 '능지처참'을 당한다. 온갖 고문을 받고 팔다리가 찢긴 뒤 불태워진다. 사지가 쉽게 끊어지지 않아 잡아끄는 말들이 지칠 정도였다니 고문받는 죄수는 얼마나 고통스러웠을까.

형벌로서의 신체형은 이처럼 끔찍하고 잔혹하게 이뤄졌다. 처벌의 목적이 단지 죄수를 죽이는 데 있지 않았기 때문이다. 처형은 희생자들을 낙인찍고 벌주면서 권력을 과시하는 조직된 행사이다. 권력은 죄수가 일찍 죽지 않도록 정밀하게 고문하면서 고통을 극단까지 이르게 한다. 극단의 폭력은 사법의 영광을 드러내는 요소이다. "죄인이 고통을 받아 신음하고 비명을 지르는 것은 사법의 수치스러운 측면이 아니라, 스스로의 힘을 과시하는 사법의 의식 그 자체"이므로 권력은 사형수를 쉽게 죽도록 내버려두지 않는다.

그렇다고 단순히 힘을 과시하고자 고통을 극단화하는 게 아니다. 미셸 푸코가 주목한 '권력의 경제학'은 훨씬 교묘하다. 권력은 죄수에게 최대의 고통을 가하는 것을 넘어 구경하는 사람들에게 미치는 효과까지 노린다.

누군가 끔찍하게 죽어나갈 때 인간은 분노하기보다는 두려움을 먼저 느낀다. 권력에 밉보이면 저렇게 된다며 나도 모르게 움찔한다. 권력이 처형을 공개하여 볼거리로 삼는 이유이다. 형장에 모여든 수많은 사람들은 죄수가 사형당하는 장면을 구경하면서 권력에 순응

— 다미엥의 처형 장면을 그린 판화.
형벌로서의 신체형은 그 목적이 죄수를 죽이는 데 있지 않다. 권력은 처벌받는 죄수의 몸이 아니라 처형장에 모여든 수많은 사람들의 정신을 장악하기 위해 광장에서 공개적으로 처형을 집행한다.

하게 된다.

권력의 입김은 처벌받는 죄수의 몸이 아닌 지켜보는 사람들의 정신 속으로 들어간다. 그래서 권력의 목적은 신체가 아닌 정신에 대한 영향력 행사에 있다고 미셸 푸코는 진단한다. 여기서 말하는 정신은 처음부터 있었던 게 아니라 권력에 의해 만들어진 것이다.

돌이켜보면 내 머릿속에 똬리 튼 생각들이 정말 내 것인지 의심스러울 때가 많다. 어떤 것은 옳고 어떤 것은 틀리다고 믿는 이유는 무엇일까? 그것은 무언가가 내 정신에 영향력을 행사했기 때문이다. 외부로부터 영향 받은 내 정신은 곧바로 나의 행동을 조종한다.

미셸 푸코의 『감시와 처벌』은 이러한 문제의식에서 출발한다. 지금은 신체형이 사라졌다고 하지만 현대인의 정신을 지배하고 복종시키는 권력의 입김은 한층 교묘해진 게 아닐까? 예전처럼 잡아서 죽이거나 고문하지 않아도 알아서 말 잘 듣고 얌전하게 지내도록 우리는 길러진 게 아닐까? 가혹성은 줄었지만 권력의 힘은 더 무시무시해진 게 아닐까?

기독교는 맑고 순결한 정신이 육체라는 더러운 감옥에 갇혀 있다고 말하는데, 미셸 푸코는 오히려 정신이 육체의 감옥이라고 말한다. 정치권력에 오염된 정신이 그물처럼 신체를 옥죄면서 권력에 복종하게 만들기 때문이다.

> 사람들이 말하고 있는 그 인간, 그리고 사람들이 해방시키도록 노력하고 있는 그 인간의 모습이야말로 이미 그 자체에서 그 인간보다도 훨씬 깊은 곳에서 행해지는 복종화의 성과인 것이다. 한 영혼이 인간 속에 들어가 살면서 인간을 생존하게 만드는 것이고, 그것은 권력이 신체에 대해 행사하는 지배력 안의 한 부품인 것이다. 영혼은 정치적 해부술의 성과이자 도구이며, 또한 신체의 감옥이다.

내가 나를 감시하는 사회

　이제는 옛날처럼 왕이나 독재자가 제멋대로 폭력을 휘두르는 사회가 많지 않다. 권력은 법과 행정을 통해서 작동한다. 흔히 이런 변화를 인류사회의 '진보'로 해석한다. 권력의 자의성은 줄어들고 정당성이 중요하게 여겨지면서 압제와 폭력도 거의 자취를 감추었기 때문이다.

　그러나 미셸 푸코는 세상이 진보한 게 아니라 거칠었던 권력이 세련된 얼굴로 바뀌었을 뿐이라고 분석한다. 옛날에는 권력의 손길이 채 닿지 않는 영역이 있었지만 지금은 그 어디에도 영향력이 미치지 않는 곳이 없다. 권력의 손아귀에서 벗어나 자유롭게 살 수 있는 사람은 드물다. 우리의 삶은 속속들이 권력의 지배를 받는다.

　권력은 우리의 신체를 통해 정신을 지배한다. 어릴 때부터 유치원을 다니고 학교에 입학해서 줄을 서고 칠판을 보며 수업을 받는 일 모두가 권력에 '훈육'되는 과정이다. 왜 어린 학생들을 운동장에 모아놓고 끊임없이 '앞으로 나란히'를 시키고, 국기를 향해 꼬박꼬박 선서를 하고 애국을 맹세하게 했을까? 반복되는 규율을 통해 권력은 우리의 신체에 침투하여 정신을 점령한다. 처음에는 몸을 비비꼬면서 말을 안 듣던 아이들도 어느덧 다들 저절로 통제가 된다.

　우리는 오랫동안 학교와 사회의 규율 속에서 훈육당하며 자랐지만 별다른 의구심을 품지 못했다. 규율의 '효율성' 때문이다. 학교에서 시키는 대로 무언가를 외우고, 군대에서 선착순으로 뜀박질을 하고 총을 쏘다보면 내 몸은 이른바 '생산성'이 높아진다. 나의 유용성은 내가 얼마나 복종했는가에 따라 판가름 난다. 세상의 규율에 복종하는 만큼 생산성은 높아지고, 나는 사회에서 인정받는 사람이 된다. 이처럼 권력은 교묘히 나를 조종하면서 부리기 쉬운 사람으로 훈육시킨다. 소름끼치는 것은, 이 모든 일이 강제로 이뤄지지만 우리는 마치 순리인양 자연스럽게 받아들인다는 것이다.

> 규율의 역사적 시기는 신체의 능력 신장이나 신체에 대한 구속의 강화를 지향할 뿐만 아니라 하나의 메커니즘 속에서 신체가 유용하면 유용할수록 더욱 신체를 복종적으로 만드는, 혹은 그 반대로, 복종하면 복종할수록 더욱 유용하게 하는 그러한 관계의 성립을 지향하는, 신체에 관한 하나의 기준이 생겨나게 되는 시기이다. 이때 형성되는 것은 신체에 대한 작업과 신체의 요소, 몸짓, 행위에 대한 계획된 조작이라는 강제권의 정치학이다. 인간의 신체는 그 신체를 파헤치고 분해하며 재구성하는 권력 장치 속으로 들어가게 된다. 하나의 '권력의 역학'이기도 한 '정치 해부학'이 탄생하고 있는 것이다.

권력은 우리를 감시하고 규율에 맞춰 신체를 훈육하지만 갈수록 그 실체는 겉으로 드러나지 않는다. '비제도화'된다. 권력은 옛날처럼 궁궐에 사는 특정한 인물이나 실권을 쥔 조직에 있지 않고 도처에 있다. 감시는 정보기관이나 경찰만 하는 게 아니라 내가 나를, 우리가 우리를 감시한다. 미셸 푸코가 영국의 공리주의 철학자 제러미 벤담의 '일망감시시설(파눕티콘Panopticon)'을 고찰하는 이유이다.

일망감시시설은 벤담이 제안한 원형 모양의 감옥 건축양식인데, 중앙에 높은 감시탑 하나를 세우고 주변에 수용자의 방을 여러 개 배치한 구조이다. 이 시설은 간수가 보는지 안 보는지는 모르지만 늘 감시받는 느낌을 주어 죄수들이 알아서 움츠리도록 만드는 효과가 있다. 미셸 푸코는 이 일망감시 개념이 사회 전체로 확산되었다고 보았다. 누가 딱히 감시하지 않아도 우리는 자유롭지 못하다. 간수는 저 멀리에 있지 않고 내 안에 있다. 권력은 훨씬 더 철저해졌고 사소한 것까지 감시하지만, 보이지 않는다.

> 이 권력이 제대로 행사되려면, 지속적이고 철저하며 어디에나 있고, 또한 모든 것을 가시적으로 만들면서 자신은 보이지 않는, 그러한 감시수단을 감추어야 한다. 그 감시는 사회 전체를 지각 대상으로 만드는 얼굴 없는 시선과 같아야 한다. 그것은 도처에 매복되어 있는 수천 개의 눈이고, 움직이면서 항상 경계를 게을리 하지 않는 온갖 주의력이며, 위계질서화한 긴 그물눈이다.

그래서 미셸 푸코는 현대사회를 '감시사회'라고 규정한다. 우리의 신체는 끝없이 감시받고 공격당하는 대상이 되었다. 현대는 자유민주주의 사회라고 하지만 우리가 자유를 별로 느끼지 못하는 까닭이다. 어려서부터 수많은 간섭과 다그침에 시달린 탓에 어느덧 내가 스스로를 들볶고 닦달한다. 조금만 딴청을 부리거나 딴짓을 하려 들면 내 안의 간수가 나를 몰아세운다. 내가 나를 감시하며 일탈도 저지르지 않고 불평도 하지 않으면서 착하게 굽실거린다. 나는 내 인생의 주인공이 아니라 거대한 사회질서를 유지하는 작은 톱니바퀴 노릇을 할 뿐이다.

감옥의 실패, 감옥의 성공

권력은 사회에서 문제를 일으키거나 죄를 저지른 사람을 교도소로 보내 격리 수용한다. 그런데 과연 수감자들은 감옥에서 교도될까? 그럴 확률은 낮다. 되레 새로운 범죄를 배우고 감옥에서 만난 사람끼리 또 다시 범행을 계획하기도 한다. 감옥이 '학교'나 '큰집'으로 불리는 이유이다.

교도소는 재소자들을 교도하지 못한다. 감옥은 실패하고 있다. 그럼에도 왜 이 문제를 진지하게 제기하는 사람이 없을까? 왜 범죄자의 재범을 막지 못할까? 미셸 푸코는 감옥의 실패가 사실은 감옥의 목적이라고 결론 내린다. 감옥은 죄인을 사회와 격리하여 교정하는 곳이 아니다. 사람들을 고분고분하게 만드는 장치이다.

형벌 제도는 위법행위를 관리하고, 관용의 한계를 설정하고, 어떤 사람들에게는 자유를 부여하고, 다른 이들에게는 압력을 가하며, 일부의 사람들을 배제하고, 다른 일부의 사람들을 쓸모 있게 만들며, 이쪽 사람들은 무력하게 만들고, 저쪽 사람들을 이용하는 방법일 것이다. 요컨대 형벌 제도는 단순히 여러 위법행위들을 '억제하는' 것이 아니라, 그것들을 '차별화하고' 그것들의 일반적 '경제책'을 확보하려는 것이라고 말할 수 있다.

죄수들을 이용하여 다른 사람들을 무력하게 만드는 수단이 바로 감옥이라고 미셸 푸코는 주장한다. 공부하지 않으면, 말 잘 듣지 않으면 저렇게 된다는 본보기를 만듦으로써 나머지를 통제하고 예속화시키는 수단이다. 학교에서도 교사가 학생 한 명을 벌주면 이후부터는 교실 분위기가 조용해진다.

감옥은 분명히 실패했지만 본래의 목표는 이뤘다. 감옥의 실패는, 역설적이게도 감옥의 성공이다. 감옥이라는 장치가 노리는 대상은 수감자가 아니라 감옥 밖의 사람들이기 때문이다.

우리의 내면에는 어떤 행동을 할 것인가 말 것인가의 경계선이 그어져 있다. 비행과 일탈은 나쁜 사람들이 저지르는 불순한 행동이고, 권력에 순응하지 않으면 잡혀간다는 은밀한 두려움이 우리를 위협한다. 웬만해서는 권력이 쳐놓은 경계선 바깥으로 나갈 엄두를 내지 못한다. 대신 부드러운 권유와 따뜻한 장려를 받으며 권력의 욕망을 실현한다. 학교와 군대를 거친 수많은 사람들이 어김없이 직장인으로 변해 충실하게 일하는 이유는 무엇일까? 왜 우리는 스트레스에 시달리고 괴로워하면서도 여전히 생산성과 효율성 높은 존재가 되어 끝없이 노동하며 살고 있을까?

과거의 권력이 무언가를 배제하고 숨기고 검열했다면, 현재의 권력은 우리를 생산성 있는 신체로 훈육하고, 끊임없이 정신에 영향력을 행사한다. 그 결과 정신을 신체의 감옥으로 만들었다. 감옥은 저 바깥에 있지 않다. 한시도 쉬지 않고 무엇이든 해야 할 것 같은 압박감, 사회체제를 따라 대열에서 이탈하지 않고 남들 하는 대로 사는 게 안전하고 편한 삶이라고 생각하는 우리의 의식 자체가 감옥이다.

배제와 포함의
정치술

『호모 사케르』 _ 조르조 아감벤

- 조르조 아감벤Giorgio Agamben(1942~)

현대 유럽을 대표하는 이탈리아의 철학자로서 우리 시대 가장 도전적인 사상가 중 한 사람이다.
발터 벤야민과 마르틴 하이데거에게 깊은 영향을 받은 그의 사유 탐험은 플라톤과 스피노자 같
은 고대와 중세 철학자, 유대-기독교 경전의 이론가와 학자들뿐만 아니라 루드비히 비트겐슈타
인, 모리스 블랑쇼, 자크 데리다, 질 들뢰즈, 장-뤽 낭시, 안토니오 네그리, 알랭 바디우 등 현대
사상가들에까지 이어져 왔다. 『내용 없는 인간』, 『유년기의 역사』 등 초기 저작에서부터 『목적
없는 수단』, '호모 사케르' 3부작, 『세속화 예찬』 등 근래의 저작에 이르기까지 독특한 문학이
론과 정치사상, 종교 연구, 문학과 예술의 융합이 투여된 그의 저작들은 나올 때마다 큰 주목을
받았다.

권력은 생명까지 통치한다

　모든 인간의 생명은 가치 있고 존엄하다. 이 명제는 누구도 반박할
여지 없는 당위이다. 그러나 현실은 다르다. 생명은 그 자체로 소중
한 게 아니라 주권 권력이 인정한 생명들만 보호받는다.

　오늘날 권력은 물리적인 폭력과 강압 대신 인간의 신체와 생명에
개입하는 방식으로 사회를 통제한다. 주권 권력은 보호받을 생명과
죽여도 되는 생명을 구분 지으며 국민 개개인의 생사여탈권을 쥐고
흔든다. 주권의 범위에 들어가지 못한 인간, 권력이 보호하지 않는
인간은 살해되어도 개의치 않는다.

　생명의 존엄성과 비루한 현실 사이에 이탈리아의 사상가 조르조
아감벤이 자리하고 있다. 아감벤은 1995년 출간 직후 커다란 주목을
받았던 『호모 사케르_{Homo Sacer}』*에서 우리 모두가 권력에게 살해당
할 수 있는 존재라고 주장한다. 언제든지 죽여도 되는 '벌거벗은 생
명'이 바로 호모 사케르이다. 나치 치하에서 대량학살된 유대인은 호

모 사케르의 대표 사례이다.

호모 사케르는 '희생양'과 다르다. 프랑스의 사상가 르네 지라르에 따르면, 희생양은 사회의 위기와 갈등을 누그러뜨리고 정화하기 위한 필요악이다. 소중한 무언가를 희생시킴으로써 사회의 분란을 잠재우는 것이다. 그러나 호모 사케르는 살해는 가능하되 어떤 의의나 목적을 위해 희생물로 바쳐지지 않는다. 희생양에도 들지 못한다. 아무런 대응도 하지 못한 채 맥없이 살해당하는 존재일 뿐이다.

현대사회는 먼 옛날 폭군들이 백성을 함부로 죽이던 시절과 달리 개인의 생명을 귀하게 여기는 시대라고 생각하기 쉽지만, 조르조 아감벤은 착각이라고 잘라 말한다. 그는 오늘날에도 벌거벗은 생명들은 엄연히 존재하며, 그것이 현대 정치에서 본질적으로 어떻게 작동하는지를 보여준다.

고대 그리스인들은 생명을 두 가지 단어, 곧 조에$_{zoe}$와 비오스$_{bios}$로 구분해서 사용했다. 조에는 단순히 살아 있음을 가리키는 말이다. 들판을 거니는 코끼리도 바다를 헤엄치는 거북이도 조에이다. 이와 달리 비오스는 그저 목숨이 붙어 있음을 뜻하지 않고 개인과 집단에 고유한 삶의 형태나 방식이 있는 생명을 의미한다. 우리가 인간으로서 존중받는 까닭은 조에가 아니라 비오스의 존재이기 때문이다.

그런데 우리는 비오스의 범주에서 추방되거나 배제될 수도 있다. 주권에게 버려질 경우이다. 권력에게 버림받으면 더 이상 사람으로 인정받지 못하고 무시당하며 법 밖으로 밀려난다. 목숨까지 빼앗긴다. 존엄한 생명에서 예외의 존재인 호모 사케르로 전락한다.

호모 사케르의 속성은 묘하다. 분명히 법의 담장 바깥으로 쫓겨나 보호받지 못하지만, 바로 그 때문에 법에 포섭된다. 인간의 존엄성을 수호하는 법의 울타리에 들어가지 못하고 내쫓김으로써 법의 자장 안으로 들어선다. 호모 사케르는 법에 의해 배제되었다는 의미에서 법과 무관하지 않은 존재이다. 생명을 존귀하게 여겨야 한다는 규범에서는 제외되지만, 그들을 통제하는 규칙이 아예 사라진 것은 아니다. 그들에게는 '규칙의 정지'라는 새로운 규칙이 적용된다.

> 예외란 일종의 배제이다. 그것은 일반적인 규범에서 배제된 개별 사례이다. 하지만 예외의 가장 고유한 특징은, 배제된 것은 바로 배제되었다는 사실 때문에 규칙과 완전히 무관할 수 없으며, 반대로 '규칙의 정지'라는 형태로 규칙과의 관계를 유지한다는 점이다. 규칙은 더 이상 적용되지 않고 예외로부터 철수하는 가운데 예외에 적용된다. 따라서 예외 상태란 질서 이전의 혼돈이 아니라 단지 질서의 정지에서 비롯된 상황일 뿐이다.

호모 사케르는 규칙이 정지되면 어떤 일이 벌어지는지 알려주는 본보기이다. 법은 그들을 배제하면서 자기 힘을 발휘한다. 따라서 호모 사케르는 법에서 완전히 배제당하지 않고 포함 상태로 배제된다. 법에서 배제된 상태로 늘 법에 붙어 있다.

배제당하는 존재들은 사라지지 않는다. 언제나 우리 주변을 떠돈다. 예를 들어, 학교 안에서 집단 따돌림을 당하는 아이를 생각해보

자. 한 아이가 또래 집단에서 배제당한다. 아이들 세계에 존재하는 규칙으로부터 보호받지 못한다. 온갖 괴롭힘의 대상이 된다. 하지만 그 때문에 따돌림은 끝없이 아이들 입에 오르내린다. 다들 따돌려진 친구를 무시하고 배제하지만 머릿속에는 집단 따돌림에 대한 두려움이 깊숙이 박힌다. 그렇게 아이들의 법은 그들 사이에서 단단히 자리매김한다.

독일의 사상가 칼 슈미트는 적과 동지를 가르는 것이 정치라고 말했다. 하지만 인간은 아군과 적군으로 나뉘지 않으며 배제와 포함으로 갈린다고 조르조 아감벤은 말한다. 배제되는 대상을 만들고 나머지들을 포함시키면서 정치가 작동한다. 주권 권력은 삶과 생명을 정치의 대상으로 삼는 '생명정치biopolitics'를 하면서 누구를 살리고 누구를 죽일지 결정한다.

추방당하는 존재들

정치는 끝없이 예외 관계를 만들어낸다. 예외를 통해서만 예외가 아닌 존재들의 권리가 드러나기 때문이다. 인간의 생명 또한 마찬가지이다. 생명의 고귀함과 존엄성을 보장받기 위해 비교 대상을 끌어온다. 더 귀한 존재, 더 보호받을 가치가 있는 생명이 되는 것은 보호받을 가치가 없는 생명을 전제로 할 때 가능하다. 차이를 승인받음으로써 가치를 인정받는다.

주권 권력은 필요에 따라 예외를 창출한다. 법으로 일부를 보호해주고, 나머지 예외들을 울타리 바깥에 방치해둔다. 이것이 현대 정치의 작동 방식이다. 2009년 1월 서울에서 벌어진 용산참사는 예외의 전형이다. 용산에서 국가-자본의 폭력에 저항하던 철거민들은 분명히 이 사회 안에서 법의 보호를 받던 사람들이지만 별안간에 법으로부터 버림받았다. 용산은 한순간 법과 규칙이 정지된 공간이 되었다. 용산에 추방령이 내려졌고, 법 적용이 정지되면서 주권 폭력이 발생했다.

끔찍한 폭력은 아무렇지 않게 일어났다. 국가-자본은 용산에 대한 법 적용을 일시정지하고 그곳을 예외 상태로 만든 다음 합법과 불법 사이를 넘나들며 생명을 앗아갔다. 주권 권력의 규칙 위반은 위반으로 평가받지 않는다. 규칙을 정지시키기 때문이다. 주권 권력은 누군가를 처형할 뿐 처벌받지 않는다.

아감벤의 통찰을 정리하면, 주권은 벌거벗은 생명을 만들어내는 활동이다. 예전에는 군주가 한 사람을 죽일지 살릴지 판가름하면서 주권을 행사했다면, 오늘날 권력은 그 사람을 법 안으로 들여올지 아니면 법 밖으로 추방할지를 결정하면서 힘을 행사한다.

여기서 우리는 물을 수 있다. 주권 권력은 도대체 왜 예외를 만들까? 평등한 법을 모두에게 적용해서 모든 생명을 보호하면 될 텐데 왜 배제당하는 존재를 양산해낼까?

그 답 역시 집단 따돌림 문제를 들여다보면 쉽게 알 수 있다. 한 아

— 나치 치하에서 학살당한 유대인들을 기리기 위해 만든 베를린 홀로코스트 메모리얼. 베를린 한복판에 위치한 이 기념관에는 각기 모양과 크기, 높이가 다른 2711개의 네모난 회색 돌기둥들이 놓여 있다. 흡사 유대인들의 관이나 비석을 연상시킨다.

이가 따돌림을 당하면 나머지 아이들은 그 친구를 외면한다. 같이 어울렸다가 덩달아 '왕따'가 될까봐 두려워서이다. 그래서 아이들은 누군가 배제당하는 걸 알게 모르게 승인하고 동의한다. 때로는 적극 나서서 따돌리고 괴롭히기도 한다. 저 아이가 배제당하면 나는 배제당할 가능성이 줄어들기 때문이다. '왕따' 문제는 주변의 많은 아이들로 하여금 스스로 조심하고 눈치보게 하며 불안에 떨게 만든다. '왕따'를 만드는 권력은 '왕따'를 통해서 다른 아이들을 조종하고 통제한다.

호모 사케르는 배제되는 대상이다. 그런데 법률상으로는 배제되지만 일상 영역에서는 포함된다. 우리는 호모 사케르를 보면서 더욱더 권력에 고분고분 순종한다. 권력은 예외 대상을 도구 삼아 나머지 사람들을 길들인다. 권력이 노리는 효과이다. 호모 사케르가 만들어지면 사람들은 분열되고 서로를 공격한다. 그럴수록 지배하기가 더쉬워진다. 용산참사를 보면서 우리는 분노하거나 저항하기보다는 두려움을 느끼며 권력에 복종한다. 그래서 계속하여 제2, 제3의 용산참사가 벌어진다.

호모 사케르는 끝없이 만들어진다. 이제 공공연한 호모 사케르들은 없지만 우리 모두 언제라도 예외의 존재로 버려질 수 있는 세상이 되었다. 아감벤이 호모 사케르에 주목하는 까닭은, 벌거벗은 생명들이 아무렇게나 죽어나가던 군주제나 봉건제 시대와 오늘날이 크게 다르지 않다는 위기의식 때문이다.

공포와 무관심의 악순환

인류사는 전쟁과 살인으로 범벅된 역사이다. 그중에서도 자본주의가 만개한 20세기는 살육으로 점철된 시기였다. 세계대전이 벌어졌고 아우슈비츠가 만들어졌으며 대학살이 자행되었다. 권력에 의한 살인은 어느 한두 나라가 아니라 세계 전역에서 일어나 지구촌 곳곳을 피로 물들였다.

물론 세계대전은 파시즘 같은 '예외 현상'이며 '비상사태'였다고 생각할 수도 있다. 하지만 발터 벤야민이 「역사 개념에 대하여」에서 말하듯이 세상은 언제나 예외 상태였고 비상사태였다. 벤야민의 사상을 이어받은 조르조 아감벤은, 예외는 전혀 동떨어진 별개가 아니라 언제나 구조 안에서 생겨난다고 말한다.

나치는 당시 국민의 기본권을 상세히 규정한 민주헌법을 반포했던 바이마르공화국에서 공정한 투표를 통해 등장한 정치체제였다. 또한 세계 곳곳을 침략하여 식민 지배한 제국주의 국가들의 통치 이념은 자유민주주의였다. 자유민주주의 체제에서 자유와 민주를 짓밟는 나치와 제국주의가 자라난 것이다. 법-권력 안에는 폭력과 야만이 늘 도사리고 있다. 비상사태는 언제든지 벌어질 수 있다.

더구나 요즘은 비상사태가 일상과 뒤섞여버렸다. 우리는 전쟁 같은 일상을 살고, 날마다 많은 사람들이 스스로 목숨을 끊는다. 자유와 평등을 얘기하지만 자유롭게 평등을 누리는 사회가 아니다. 비록 우리의 신체가 구속된 것은 아니더라도 사회 전체가 거대한 수용소처럼 변해버렸다.

수용소는 법이 정지된 공간이며, 사람들이 호모 사케르처럼 죽임을 당해도 제대로 항의조차 할 수 없는 곳이다. 인간의 권리, 존엄, 법의 보호, 예외와 규칙, 그 모든 게 사라진다. 미 해군기지의 관타나모 수용소에서 얼마나 잔혹한 참상이 벌어졌는지 우리는 알고 있다.

갈수록 수용소들이 늘어나고 있다. 법의 보호를 받지 못한 채 죽어가는 생명들이 흔해졌다. 예외 공간이었던 수용소는 이제 전 세계에 들어섰다.

> 본질적으로 법적·정치적 질서의 일시정지로서의 예외 상태는 이제 점점 더 분명하게 그러한 정치 질서 속에 기입되지 않은 벌거벗은 생명이 거주하는 안정적인 공간적 기반으로 바뀐다. 출생(벌거벗은 생명)과 국민국가가 차츰 분리되는 것이 우리 시대 정치의 새로운 사실이며, 우리는 이 간극을 일컬어 수용소라 부른다. 위치 확정 없는 법질서(예외 상태로서, 여기서 법의 효력은 정지된다)에 대응하는 것은 이제 법질서 없는 위치 확정(영구적인 예외 공간으로서의 수용소)이다.

아감벤은 우리의 삶이 수용소의 삶과 과연 얼마나 다른지 묻는다. 저항 한번 제대로 못한 채 아무 가치 없이 버려지는 존재, 법으로부터 버림받고 예외로 전락한 존재들이 도처에 있다. 취업 준비생, 해고 노동자, 비정규직 노동자, 일용 노동자, 쫓기는 이주노동자, 생존의 위기를 느끼는 조선족, 갈수록 늘어나는 탈북자와 세계의 난민들이 그들이다. 경쟁에 치여 하루하루 허덕이며 사는 우리 모두가 바로 힘 없는 호모 사케르들이다.

우리는 늘 예외가 될 위험에 처해 있다. 배제는 일상이 되어버렸다. 지금은 법과 규칙 안에 포함되어 있더라도 상황에 따라 간단하게 배제될 수 있다. 우리의 안전은 보장받지 못하고 불안정하다.

파시즘과 나치즘은 저 먼 나라의 얘기가 아니라 지금 이곳의 얘기이다. 나치즘은 '독일인은 누구인가'에 집착하면서 독일인이 아닌 존재들을 말살하려 했다. 오늘날에는 법의 보호를 받는 '시민'과 그렇지못한 '인간'을 나누려는 흐름이 기승을 부린다. 자국민을 보호하라는요구에는 이주노동자에 대한 혐오와 폭력을 용인한다는 동의가 들어 있다. 자국민이든 외국인이든 인간을 편 가르는 의식 자체가 문제이다. 사람들 사이에 경계선을 긋고 편의대로 규정하려는 욕망이 파시즘의 동력이기 때문이다.

살 가치가 없는 존재, 죽어도 상관없는 존재로 선포된 호모 사케르를 보면서 우리는 공포를 느낀다. 그리고 나만은, 내 가족만은 법의테두리 안에서 안전하게 살아야 한다고, 경계 바깥으로 절대 밀려나면 안 된다고 다짐한다. 생존에 대한 공포는 벌거벗은 생명들의 절규에 귀 막고 눈 감게 만든다. 예외의 존재를 생산하여 대다수 국민의삶을 통제하는 주권 권력에게 우리의 무관심은 매우 유용한 통치 기반으로 작용한다. 세상은 그렇게 뒤틀린 채 굴러가고 있다.

권력은 군중을
어떻게 길들이는가

『군중과 권력』_ 엘리아스 카네티

● 엘리아스 카네티 Elias Canetti(1905~1994)

20세기 가장 보편적인 지성 중 한 사람으로 꼽히는 세계적인 문학가이자 사상가이다. 1905년 불가리아에서 스페인계 유대인의 후손으로 태어나 어린 시절부터 영국과 오스트리아, 스위스, 독일 등 여러 나라를 전전하다 1938년 히틀러의 유대인 박해를 피해 영국으로 건너가 1952년 영국 시민권을 취득했다. 빈 대학에서 화학 전공으로 박사학위까지 받았으나 문학과 철학에 더 깊은 관심과 애정을 기울였다. 1932년 희곡「결혼」, 1935년 소설「현혹」을 발표하며 대표적인 독일어 작가로 떠올랐다. 그러나 이후 20년 이상의 오랜 침묵 속에서 '군중과 권력의 본질'에 대해 연구하고, 1960년 마침내 치열하게 연구한 필생의 기록『군중과 권력』을 발표했다. 이 책은 유럽 사상계의 고전으로 자리잡으며 카네티의 이름을 전 세계에 알렸고, 1981년 노벨문학상을 타는 데 결정적인 역할을 했다.

군중의 오래된 욕망

대중만큼 강력하면서도 중요한 단어가 이 시대에 또 있을까? 프랑스 대혁명부터 68혁명까지, 동학농민운동부터 민주화운동까지 세상은 수많은 사람들이 함께 움직일 때 크게 변화했다. 역사서를 뒤적이면 영웅들과 위인들이 마치 세상을 이끌어온 것처럼 느껴지지만 알고 보면 그 뒤에 대중이 숨어 있다.

세상의 변화는 한두 사람의 노력이 아닌 대중들의 열망과 함께 이뤄진다. 그러나 대중은 때때로 광기와 어리석음에 휩싸인다. 나치의 득세와 캄보디아 크메르 루즈의 만행도 대중의 지지에 힘입어 이뤄졌다. 대중은 사회문제에 곧잘 침묵과 방관으로 처세한다. 한국의 군사독재와 자유를 억압하는 폭력도 대중이 거세게 저항하지 않고 말없이 동조했기에 오래도록 유지되었다. 그래서 우리는 대중 속에서 환호하고 또 절망하게 된다.

이러한 대중의 속성은 이미 오래 전부터 수많은 철학자와 예술가들에게 비판과 성찰의 대상이 되어왔다. 16세기 프랑스 사상가 라 보에티는 대중을 '자발적 복종' 상태의 노예라면서 비판했고, 러시아의 혁명 시인 마야코프스키는 "대중의 취향에 따귀를 때려라"라고 외친 바 있다.

그러나 대중은 환멸하고 조롱하기보다 고민하고 인식해야 할 과제이다. 대중의 한 사람으로서 대중을 제대로 이해하고 새로이 사유하고 싶을 때 20세기 문학가이자 사상가 엘리아스 카네티가 쓴 『군중과 권력Masse und Macht』*은 큰 도움이 된다.

카네티의 군중 연구는 몇 차례에 걸친 어린 시절의 강렬한 체험에서 비롯되었다. 그는 전쟁과 학살, 혁명과 시위 현장에서 사람들이 무더기로 몰려들면 위협감을 느끼지만, 군중 속에 들어가 무리의 일원이 되면 전혀 색다른 황홀감이 생긴다는 것을 경험했다. 불가리아 유대계 출신으로 독일에서 대학을 다닌 카네티는 의문과 호기심으로 평생 군중을 연구했고, 1960년 필생의 기록인 『군중과 권력』을 출판하여 전세계에 이름을 떨쳤다.

20세기는 그야말로 대중의 시대였다. 민주주의를 희망하는 목소리가 여러 나라에 울려 퍼지면서 대중의 요구에 따라 사회가 격동했다. 사람들이 모이면 뿔뿔이 흩어져 있을 때와는 비교할 수 없는 힘이 생긴다. 그래서 인간은 본디 다수가 되기를 원한다고 엘리아스 카네티는 분석한다. 혼자가 아닌, 소수가 아닌, 다수가 되어야만 힘을 갖기 때문이다.

다수가 되려는 열망은 본능처럼 우리 몸에 배어 있다. 아주 오래 전부터 인류는 서로 싸워왔고, 숫자가 적으면 목숨이 위태로웠다. 힘이 중요했다. 누군가의 죽음을 슬퍼하는 이유도 여기서 비롯되었다. 죽음 자체도 슬프지만 한 사람이 줄어든다는 건 그만큼 자기 집단의 힘이 적어진다는 의미였다. 인류는 끊임없이 다수를 꿈꿔왔다. 다수가 되어 힘을 가지려는 욕망은 일상 속에서 꿈틀대며 커져간다. 대중은 옳지 않더라도 다수의 선택을 따르곤 한다. 그 어떤 이유든 소수가 되는 걸 내켜하지 않는다.

> 전쟁 시에는 언제나 자기편이 적의 무리보다 강하길 원했을 것이고, 항상 소수이면 위험하다고 생각했을 것이다. 어떠한 구성원의 죽음도 애도의 대상이었으며, 특히 경험 많고 용감한 남자의 죽음은 엄청난 손실이었다. 수가 적다는 것, 그것이 인간의 약점이었다. … 인간은 본래 인간이었던 순간부터 '더 다수가 되기를' 원했음이 틀림없다. 인간의 모든 신념, 신화, 축제, 그리고 의식들이 이 욕망으로 가득 차 있다.

엘리아스 카네티는 인간에게 접촉에 대한 공포가 있다고 보았다. 다수가 되기를 원하지만 막상 사람과 사람이 만날 때면 접촉을 꺼리는 경향이 있다는 얘기이다. 누군가 내 몸에 밀착할 때, 가까이 다가올 때 우리는 꺼림칙해하며 상대를 밀어낸다. 접촉에 거부감을 느낀다. 접촉을 꺼리는 건 '나는 나'라는 동일성을 지키고 싶어서이다. 상대와 접촉하면 이질성을 느끼고 내 동일성이 흔들린다. 그래서 상대와 나의 경계를 굳건히 지키면서 자의식을 유지한다.

그런데 군중의 일원이 되면 나라는 자의식은 사라진다. 나와 너는 사라지고 모두 하나가 되어버린다. 콘서트 현장, 월드컵 길거리 응원, 종교 집회에서 뿐만 아니라 클럽에서 춤출 때나 함께 어깨를 겯고 시위할 때도 우리는 접촉을 허용하고 타인과의 부대낌에 관대해진다. 내가 전체에 녹아들기 때문이다. 나는 접촉의 공포에서 해방되어 다수가 된다.

뿌리 깊은 흑백논리

다수가 되려는 욕망의 밑바닥엔 사람을 가르고 나누는 분류 의식이 도사리고 있다. 다수에 속하려면 어느 편이 다수인지 판단하고, 어느 쪽이 더 강한지 분간해야 한다. 그래서 인간은 끝없이 서로를 판단하고 평가한다. 엘리아스 카네티는 "자신을 부끄럽게 여겨 판단을 삼가는 자는 극소수에 불과하다. 판단은 질병이며 그것도 가장 널리 퍼진 질병 가운데 하나이므로, 그 병에 면역이 된 사람은 거의 없을 것"이라고 말한다.

판단을 하려면 좋고 나쁨의 기준이 있어야 한다. 그 기준에는 보편성이 없다. 우리는 대개 자신의 경험 가운데 자신이 세운 기준으로 상대를 판단한다. 타인을 판단하는 기준은 바로 나다. 결국 누군가를

━ 19세기 프랑스 화가 오노레 도미에의 작품「에케 호모」.
가시면류관을 쓰고 자주색 망토를 걸친 예수를 가리키며 빌라도
가 군중을 향해 "이 사람을 보라(ecce homo)"라고 외치는 장면
이다.

판단한다는 것은 자신과 비교하는 행위라고 할 수 있다. 판단의 기준
이 자신임을 밝히진 않지만 우리는 은밀하게 상대와 나를 비교한다.

상대에 대한 판단 속에 '내'가 숨어 있다. 그래서 칭찬에 인색하고 평가를 박하게 매긴다. 누군가를 칭찬하면 마치 내가 더 못한 것 같고, 상대를 깎아내리면 괜스레 자신이 더 우월한 듯한 기분을 느낀다.

우리는 비판과 비난을 혼동한다. 비판이라고 말하지만 실상은 비난에 가깝다. 칭찬하면 자신이 낮아지는 기분이 들기 때문인지 악평을 선호한다. 그리고 뒤에서 헐뜯으며 쾌감을 느낀다.

> 그것은 그 무엇에도 흔들리지 않는 견고하고도 잔인한 쾌감이다.
> … 이 쾌감의 본질은 어디에 있는가? 그것은 자신이 속한 집단을 더 나은 집단이라고 생각하고 열등한 집단에게 무엇인가를 전가하는 데 있다. 인간은 남을 격하시킴으로써 자신을 격상시킨다. 상반되는 가치를 대변하는 두 가지 종류가 있다는 것은 자연스럽고 불가피한 것으로 여겨진다. 무엇이 선이든 그것은 항상 악과 대조를 이룬다. 어떤 것이 선과 악에 속하는가 결정하는 것은 우리 자신이다.

우리는 자신이 옳고 선한 쪽이라는 믿음을 좀처럼 철회하지 않는다. 언제나 상대가 나쁘고 문제이다. 선과 악, 흑과 백으로 판단하려는 의식은 인간의 머릿속 깊이 박혀 있다. 우리가 계속 누군가를 헐뜯고, 두 집단으로 나뉘어 적대하는 이유이다.

엘리아스 카네티가 드러내는 인간의 모습은 몹시 암울하지만 우리가 그의 진단에서 얼마나 비껴나 있을까? 사람들이 모이면 어김없이 분쟁과 패 가르기가 벌어지고, 상대편에 대한 험담과 비하가 이어진다. 경쟁이 일상다반사이고, 문제는 늘 내쪽이 아니라 남에게 있다. 더구나 미워하지 않으려고 애를 써봐도 하릴없이 미움과 분노를 불러일으키는 사회구조이다.

권력은 우리의 무지를 먹고 자란다

다수에 속하려는 욕망이 극단으로 치닫는 경우 전쟁이 일어나기도 한다. 전쟁을 일으키는 집단은 우리가 위협받고 있으며 죽음이 임박했다는 두려움을 유포한다. 그러나 엘리아스 카네티는 상대를 죽이고 싸우고 싶은 욕망 때문에 전쟁이 일어난다고 본다. "나는 죽을지 모른다"는 공포에 우리는 질겁하지만, 이 죽음의 가능성은 "너를 죽이고 싶다"는 욕망을 숨기고 있다는 것이다. 인간은 위협받고 있다는 허구를 날조하면서 전쟁을 일으키고 자기 공격성을 충족시킨다.

전쟁은 놀라운 기도이다. 사람들은 자기들이 육체적 파멸의 위협에 직면해 있다고 결론을 내린다. 그러고는 이 사실을 온 세상에 널리 공표한다. 그들은 말한다. "나는 죽을지 모른다." 그리고 속으로 덧붙여 생각한다. "그것은 내가 아무개를 죽이고 싶기 때문이다." 그러나 제대로 한다면 강조돼야 할 것은 뒤 문장이다. "나는 아무개를 죽이고 싶다. 그러므로 나 자신도 죽을 가능성이 있다." 그러나

당면 과제가 전쟁의 시작 또는 전쟁의 도발일 때, 그리고 자기편 사람들 사이에 호전적 분위기를 고취시킬 필요가 있을 때, 용인될 수 있는 것은 "나는 죽을지 모른다"는 문장뿐이다. 그래서 실제로는 어느 쪽이 먼저 공격을 하든 간에 쌍방은 항상 자기편이 위협을 받고 있다는 허구를 날조하려 든다.

인류사를 살펴보면, 내부의 긴장을 해소하기 위해 권력자들이 전쟁을 일으키는 장면이 종종 목격된다. 전쟁은 권력자를 향한 저항과 도전을 막아준다. 당장 여기가 아닌 저기의 적이 상정되기 때문에 우리 안의 갈등은 수그러든다. 공격 목표를 외부로 돌리면, 인간의 공격성은 바깥의 적을 향해 분출되고 내부의 권력질서는 튼튼하게 유지된다.

어떤 핑계를 대면서 정당화하더라도 공격에는 파괴의 욕망이 깔려 있다고 카네티는 지적한다. 세계대전을 겪으면서 인간에 대해 아프도록 고민한 그의 냉정한 판단이다. 인간 집단은 평화의 지루함보다 전쟁의 들썩임을 선호한다. 목숨을 대가로 치르더라도 싸울 때의 흥분을 욕망한다. 폭력 영화나 이종격투기가 왜 남녀노소를 가리지 않고 인기를 모으고 있겠는가?

권력자는 권력을 통해 위세를 부리지만 그 때문에 위협에 시달리기도 한다. 권력을 얻으면 누군가 자신을 고꾸라뜨릴 것을 알기 때문이다. 이것이 권력이 치러야 하는 대가이다. 부자들이 재력을 즐기면서도 자기 돈을 누가 훔쳐갈까봐 전전긍긍하는 심리와 비슷하다.

권력자들은 불안한 나머지 자신의 힘을 확인하려 든다. 권력은 어떻게 확인되는가? 말도 안 되는 상황에서 자기 뜻이 관철되면 확인할 수 있다. 마땅히 처벌해야 할 사람을 처벌하면 권력이 아니다. 애꿎은 사람을 내쫓고 겁먹게 해야 권력이다. 자신의 황당한 명령에도 누구 하나 거역하지 못하고 따를 때, 권력자는 힘을 느낀다. 권력자들이 처형을 위한 처형을 하거나 가까운 사람들을 처형하는 이유이다.

그는 처형을 취한 처형을 명할 것이다. 희생자의 죄가 별로 무겁지 않은데도 그는 때때로 처형을 명한다. 그의 공포가 증가하면 할수록 그는 더욱더 처형을 필요로 한다. 그가 죽음을 내려야 할 사람들은 그가 가장 신임하는, 말하자면 그의 가장 충실한 신하들인 것이다. 왜냐하면 그의 책임하에 행해지는 모든 처형으로부터 그에게 어떤 힘이 생기기 때문이다. 그가 처형에서 얻는 힘은 그가 스스로 조작하여 살아남는 힘이다. 그의 희생자들이 실제로 그에게 도전하지 않았더라도 혹시라도 도전할 경우를 가정하여 그들을 자신의 적으로 날조하는 것이다. 그는 그들에게 유죄 판결을 내린다.

외부의 적을 물리치더라도 전쟁은 사라지지 않는다. 권력을 도모한 집단 안으로 전쟁의 불길이 옮겨 붙는다. 바깥의 적이 사라지면 안의 갈등이 불거지면서 내분이 일어난다. 권력자의 곁에서 평생 안락을 누린 사람은 별로 없다. 어김없이 숙청당한다. 사냥개는 사냥이 끝나면 삶아져 주인에게 먹힌다. 빨아먹을 단물이 다 빠지면 버림받기 마련이다. 그래서 2인자들은 1인자를 거꾸러뜨리고자 몰래 칼을 갈며 기회를 노린다. 피의 악순환이다. 권력은 이처럼 허무하고 끔찍하지만, 인간은 그것이 주는 쾌락을 향해 달려든다. 한여름 불꽃 속으로 날아드는 나방떼와 다름없다.

그렇다고 정치와 권력을 외면해야 할까? 정치를 멀리할수록 엉뚱한 인간들이 권력을 거머쥐고 휘두르는 사태가 벌어진다. 정치를 냉소한다고 해서 권력으로부터 자유로워지는 것은 아니다. 권력을 혐오하는 세련된 인간이라는 허영과 착각만 심해질 뿐이다. 국민이 권력을 혐오하고 정치에 무지할수록 권력가들의 힘은 막강해진다. 혐오는 무지를 낳고 무지는 권력의 먹이가 된다.

친절하고 너그러운
자본주의의
가면

『제국』_ 안토니오 네그리 · 마이클 하트

• 안토니오 네그리Antonio Negri(1933~)

이탈리아의 세계적인 정치사상가이다. 1960년대 후반 여러 급진적 잡지와 운동 단체에 관여하면서 파도바 대학 정치과학연구소를 중심으로 자율주의 사상을 지속적으로 발전시켰다. 1979년 테러 단체의 일원이라는 혐의로 체포, 수감되었다가 1980년대 초반 프랑스로 망명하여 가타리와 들뢰즈 등의 후원으로 파리8대학에서 정치학을 강의했다. 1997년 이탈리아로 돌아가 구속되었다가 2003년 자유의 몸이 되었다. 마이클 하트와 함께 쓴 『제국』, 『다중』, 『공통체』로 전 세계적인 주목을 받았으며, 마르크스, 들뢰즈, 푸코와 마키아벨리, 스피노자를 아우르는 당대 최고의 지성으로 평가받는다. 주요 저서로는 『맑스를 넘어선 맑스』, 『자유의 새로운 공간』, 『전복의 정치학』, 『디오니소스의 노동』, 『혁명의 시간』, 『전복적 스피노자』, 『선언』 등이 있다.

• 마이클 하트Michael Hardt(1960~)

워싱턴 대학에서 질 들뢰즈 연구로 박사학위를 받았고 현재 듀크 대학 문학부 교수로 재직 중이다. 이탈리아의 자율주의 사상을 미국에 소개하는 데 많은 힘을 쏟고 있으며, 네그리의 『야만적 별종』을 비롯하여 여러 자율주의 사상가들의 책을 영어로 번역했다. 네그리와 함께 『디오니소스의 노동』, 『선언』, 『제국』, 『다중』, 『공통체』 등을 공동 집필하면서 협력 작업을 지속하고 있다. 주요 저서로는 『들뢰즈 사상의 진화』, 『네그리 사상의 진화』, 『토머스 제퍼슨』 등이 있다.

새로운 제국의 탄생

　모든 사람이 각자 자신을 대표하고 스스로 다스리는 사회를 만들기 위해 평생 투사로서 살아온 이탈리아 사상가가 있다. 세계 시민에게 '자율주의 저항운동'을 제시한 안토니오 네그리이다. 그는 정치권력의 탄압을 피해 프랑스로 망명했다가 미국에서 유학 온 마이클 하트를 만났다. 이후 네그리와 하트는 마르크스주의, 반자본주의, 민주주의적 세계화, 다중의 힘 등 전 지구적 좌파 운동의 원천이 되는 다양한 작업을 펼치며 여러 권의 책들을 발표했다. 그 가운데 두 사람의 이름을 널리 알린 대표작 『제국Empire』*은 한국 지식인들 사이에서도 커다란 논쟁을 일으키며 화제가 되었다.

　근대는 세계 열강들이 종교와 군대를 앞세워 약소국을 식민지로 만들어 지배한 제국주의 시대였다. 이제 그러한 식민지 형태는 거의 사라졌다. 아직도 폭력으로 지배하거나 착취당하는 지역들이 남아 있지만, 예전과 같은 국가 간 지배와 피지배 관계는 뚜렷하게 드러나지 않는다.

그러나 지배가 아예 사라진 것은 아니다. 두 번의 세계대전을 치른 뒤에도 세계 곳곳은 전쟁으로 몸살을 앓았다. 그 전쟁들의 배후에는 미국이 있다. 수많은 내전이든 국제전이든 미국이 끼어들지 않은 적이 없다. 미국의 강력한 개입으로 '팍스 아메리카나'가 펼쳐졌다.

미국이 주도하는 세계 평화는 곧잘 무력으로 이뤄졌고, 미국에 밉보인 지역은 초토화되기도 했다. 한국도 예외 대상이 아니다. 이승만이나 박정희 정권이 한때 그들 뜻대로 움직이지 않자 제거 계획을 세운 적이 있었고, 1994년에는 북한을 폭격하기 일보직전까지 갔었다는 것은 이미 잘 알려진 사실이다.

그렇다면 미국은 '제국'일까? 네그리와 하트는 미국이 로마나 몽골처럼 무력으로 세계를 지배하는 제국의 면모를 보이기도 하지만, 그러한 개념으로 규정짓기는 어렵다고 진단한다. 이 책에서 말하는 '제국'은 비유이고 개념이다. 강력한 힘을 가진 한 국가가 힘없는 약소국들을 침략하여 통치하는 제국주의의 개념이 아니라, 미국이라는 '군주 국가'와 IMF, WTO 같은 초국적 '귀족 기관'들이 손잡은 새로운 지배 형태가 세계를 장악하고 있다고 주장한다.

2001년 9·11테러 이후 아프가니스탄과 이라크 침공에서 드러났듯 미국의 힘은 예전 같지 않다. 세계를 지배하는 주권은 지난날처럼 미국 한 곳에 있지 않다. 미국을 비롯하여 세계 도처에서 밤낮없이 자기증식 중인 '자본'에 있다. 오늘날 세계화, 지구화라는 말이 이리도 너울대는 까닭도 자본권력이 세계화되었기 때문이다. 지구 전체가 자본의 손아귀에 들어간 것이다. 지금은 제국주의 시대처럼 경계를 긋고 식민지를 만들어 수탈하지 않는다. 하나의 중심을 정하지 않고 자유롭게 국경을 넘나드는 자본이 세계를 지배한다. 초국적 자본주의 제국이 나타난 셈이다.

> 제국주의와는 달리 제국은 결코 영토상의 권력 중심을 만들지 않고, 고정된 경계나 장벽들에 의지하지도 않는다. 제국은 개방적이고 팽창하는 자신의 경계 안에 지구의 영역 전체를 점차 통합하는, 탈중심화되고 탈영토화하는 지배 장치이다. 제국은 명령 네트워크를 조율함으로써 잡종적 정체성, 유연한 위계, 그리고 다원적 교환을 관리한다. 제국주의의 세계지도에서 몇 가지로 구분됐던 국가의 색깔들은 제국적인 전 지구적 무지개 속에서 합쳐지고 섞일 것이다.

미국은 제국의 '경찰' 같은 구실을 한다. 자본의 규칙과 시장주의를 따르지 않는 곳이 있으면 곧바로 개입한다. 이를 두고 미국은 세계를 '민주화', '정상화'시키는 것이라고 말한다. 그러나 곰곰이 따져 보면, 자본주의 질서에 순순히 따르고 제국의 이익에 반하지 않도록 길들이고 있음을 알 수 있다.

미군과 유엔군은 시장 질서를 어지럽히는 무리들을 잡기 위해 마치 지구촌 경찰처럼 세계 곳곳으로 파병되어 '치안' 활동을 벌인다. 과거에는 다른 나라에 군대를 보내면 전쟁이 시작되었다. 그러나 오늘날의 군대 파견은 '개입'을 의미한다. 제국주의 국가들처럼 자국의 이익을 위해서가 아니라 인류의 정의와 세계 평화를 위해서라는 명분으로 투입된다. 이러한 군대의 개입은 도덕의 개입, 사법의 개입으로 이어진다.

네그리와 하트는 비정부기구들 역시 자본주의 제국의 질서를 유지하는 데 기여하고 있다고 비판한다. NGOnon-governmental organization는 정치나 이념과는 무관하다고 주장하며 인권과 정의의 깃발 아래 세계 각지에서 인도주의 사업을 펼치지만 그들의 의도와는 별개로 제국의 홈을 손질하고 문제들을 수정하면서 제국이 번창하도록 돕는 데 활용된다는 것이다.

비정부기구들은 마치 세계를 기독교화하기 위해 선교사업을 벌이던 가톨릭 수사들처럼 지구촌을 제국화하는 사도로서 "무기 없이, 폭력 없이, 경계[국경]없이 정당한 전쟁을 수행"하며 제국을 유지하는 중요한 통치 수단으로 쓰이고 있다. 이를테면 국제사면위원회Amnesty International, 옥스팜Oxfam, 국경없는 의사회Medecins Sans Frontiers와 같은 비정부기구들은 자신들의 고결함과 헌신으로 특정 지역의 상황을 전 세계에 고발하는데, 이 과정에서 자본주의 제국의 이념과 사상이 유입되고 서구자본주의 문화가 전파된다. 이렇게 하여 세계는 보다 자연스럽게 제국의 질서에 포섭된다.

체 게바라도 돈벌이가 되는 세상

　자본주의 제국은 관대하고 너그럽다. 수많은 '차이 담론'을 허용한다. 인종, 성별, 성 정체성, 지역 등의 차별과 배제는 나쁘다고 한목소리로 합창한다. 특정 세력과 특정 인종만 우대하면 제국의 질서가 흔들리기 때문이다. 그러한 문제와 갈등의 고조는 제국의 매끄러운 운항에 방해가 된다.

　나와 너를 경계 짓고 서로 다른 요소를 배척하며 싸우던 이전 시대보다는 진일보한 모양새이다. 그러나 정말로 나아졌는지는 의문이다. 상호 간의 차이를 강조하고 인정하는 이면에는 더 많은 상품을 생산 판매하려는 자본의 욕망이 숨어 있다. 어떤 상황과 조건에서도 다양한 시장을 개척하고 더욱 충성스러운 소비자들을 만들어낼 수만 있다면 무엇도 마다하지 않는다.

> 마케팅 자체는 차이에 기반을 둔 실천이며, 주어진 차이가 많을수록 마케팅 전략은 더욱 발전할 수 있다. 훨씬 더 늘어난 잡종적이고 분화된 인구는 특정한 마케팅 전략—18살에서 22살 사이의 게이 라틴 남성들을 위한 전략, 중국계 미국인 십대 소녀들을 위한 또 다른 전략 등—으로 각각 처리할 수 있으며, 그것은 급격히 증가하는 수많은 '목표 시장'을 나타낸다. 탈근대적인 마케팅은 각 상품과 인구층의 차이를 인식하고 그에 따라 자신의 전략들을 펴나간다. 모든 차이는 기회이다.

차이는 자본에게 새로운 기회를 제공한다. 존재들의 차이마저 이윤을 쫓는 시장 논리에 포섭되는 것이다. 자본은 그야말로 이악스럽다. 이익이 된다면 국가, 민족, 이념, 사상, 역사 등 그 모든 게 상관없다. 전부 다 이용한다. 사람들이 체 게바라를 좋아하면 곧장 그의 얼굴을 상표로 쓴다. 체 게바라가 자본주의에 맞선 사람이든 뭐든 관계없다. 중요한 건 자본을 증식시키는 것, 더 많은 부를 창출하는 일이다. 그러기 위해서는 무엇보다도 사람들의 욕망을 파악하고 유혹할 줄 알아야 한다. 자본주의가 발달할수록 마케팅이 부각되고, 광고와 홍보의 비중이 높아지는 까닭이다.

시장에서의 승패는 대부분 마케팅에서 결정난다. 마케팅이 성공하려면 사람들의 욕망을 헤아리면서 차이점들을 발굴하여 새로운 시장을 찾아야 한다. 제국시대의 자본들은 무턱대고 자본주의를 찬양하지 않는다. 자본은 자신을 선이라고 주장하지 않는다. 악이라고 규정하지도 않는다. 자본은 선악의 저편에서 자기의 몸집을 불릴 뿐이다. 자본주의에 볼멘소리를 하는 사람들이 많으면, 그들을 만족시킬 새로운 상품을 발빠르게 내놓는다.

썩을수록 강해지는 자본주의

20세기 초반 전 세계는 대공황을 겪으면서 고통을 겪었지만 자본

— 반소비지상주의 온라인 잡지 《애드버스터즈》가 제작한 '월
가를 점령하라' 시위 포스터. 2011년 9월 17일 빈부격차 심화
와 금융기관의 부도덕성에 반발하면서 뉴욕에서 일어난 월
가 시위는 '최고 부자 1%에 저항하는 99% 미국인의 입장을 대
변한다' 등의 구호 아래 세계 주요 도시들로 확산되었다.

주의는 체질을 변모시키며 더 강해졌다. 대공황은 주기를 타고 찾아왔고, 부패와 붕괴의 위기가 거듭될 때마다 자본주의는 오히려 회생하고 막강해졌다.

2008년 미국발 금융위기가 전 세계를 강타하자 자본주의 위기에 대한 논의가 활발하게 이뤄졌고, 여러 대안 이론들이 그 어느 때보다도 주목받았다. 2011년 뉴욕에서는 자본의 탐욕을 멈춰 세우자면서 '월가를 점령하라Occupy Wall Street' 운동이 일어났다. 이 운동은 곧 세계 각지로 확산되었다.

그러나 자본주의는 조금의 생채기도 없이 여전히 건재하다. 그리스와 스페인이 경제 문제로 심각한 혼돈에 처해도, 금융위기가 세계 구석구석에 휘몰아쳐도 자본주의 체제는 끄덕하지 않는다. 어떤 위기가 들이닥쳐도 무너지지 않는다.

20세기 후반 한국을 비롯한 아시아 국가들이 외환위기에 빠지고 난 뒤 위기를 초래한 경제 인사들과 자본가들은 이전보다 더 떵떵거리며 살게 되었다. '재벌'은 경제 위기를 이용해 국가권력의 규제로부터 벗어났고, 사회에 대한 책임을 지지 않은 채 엄청난 권력과 이득을 거머쥐었다.

제국 사회는 항상 그리고 어디에서나 붕괴되고 있다. 하지만 이것은 제국 사회가 반드시 파멸로 치닫고 있다는 것을 의미하지는 않는다. 우리가 특징짓는 근대성의 위기가 급박하고 필연적인 붕괴를 나타내지 않듯이, 제국의 부패 역시 어떤 가시적인 목적론이나 종말을 가리키지 않는다. 달리 말해 근대 주권의 위기는 일시적이거나 예외적인 것이 아니라(사람들이 1929년 주식시장 붕괴를 하나의 위기라고 말했듯이), 오히려 근대성의 규범이다. 마찬가지로, 부패는 제국 주권의 착오가 아니라 본질이자 작동 양식이다.

제국의 부패와 자본주의의 위기는 종말의 징후가 아니라 고유한 작동 방식이다. 여기저기서 비리가 발각되고 스캔들이 터지면 권력 체제가 위기를 맞는 것이 아니라 오히려 그 기회를 통해 몇몇을 솎아내고 물갈이를 하면서 체제를 더 강화시킨다. 부패를 통해 끊임없이 개조되고 발전한다. 자본주의에서 부패는 예외가 아니라 정상이다. 위기는 자본주의 시스템에 내장된 필연의 사건이다.

다중이여, 연대하고 행동하라

세계 질서가 제국의 형태로 구축되자 여러 나라의 지식인들이 '국가권력'을 강화하자고 목소리를 높였다. 자본의 파고에 휩쓸려 국민경제가 휘청거리니까 국가 역할의 방파제를 높이 쌓아 막자는 얘기였다. 하지만 네그리와 하트는 지구화된 자본주의에 반대한다고 해서 국민국가nation-state의 권한을 강화하는 쪽으로 나아가서는 안 된다고 주장한다.

이들에 따르면, 자본주의 질서를 넘어서는 새로운 사회형태는 자본주의 안에서 살고 있는 사람들로부터 출발해야 한다. 그리고 그 변화는 이미 시작되었다. 사회를 바꾸고 자본주의의 제도마저도 새로 고치려는 사람들, 바로 '다중Multitude'이 움직이고 있는 것이다.

다중은 첨단의 통신수단으로 소통하면서 새로운 생산력을 움켜쥐었다. 다중의 노동은 공장에서 일하며 자본에게 착취당하는 '죽은 노동'이 아니다. 다중은 서로 정보를 나누고 인터넷을 통해 지식을 교환하는 방식으로 생산물을 만들어낸다. 이를테면 SNS로 연결된 관계망을 통해서 정보가 오가고 여론이 형성되고 사회의 변화가 추동된다. 또 인터넷 카페에서는 서로 모르는 사람들이 정보를 올리고 나누면서 새로운 지식들이 빚어진다. 쉽게 빼앗을 수 없는 형태들이다.

예전 같은 자본의 착취 방식은 다중에게 통하지 않는다. 물질 노동에서 비물질 노동으로 노동의 방식이 바뀌었기 때문이다. 비물질 노동은 상품만을 생산하는 것이 아니라 관계와 사회적 삶을 창출한다. 정보, 지식, 이미지, 네트워크 등을 생산하는 노동이다. 사람들은 '탈영토화'되고 '탈중심화'되어 생산한다. 이제 공장은 공업단지나 어느 한 지역에 있지 않다. 네트워크가 공장이고, 사회 전역에서 생산품이 쏟아져 나온다. 근래 들어 교육, 언론, 사회관계망 서비스 등이 중요하게 떠오른 배경이다.

앞으로 도래할 사회는 네트워크 안에서 투쟁하는 사람들이 이뤄갈 것이라고 네그리와 하트는 전망한다. 그들은 복지와 임금 향상을 넘어 사회의 권력 체제, 자본화된 생활양식을 바꾸는 데 힘을 기울일 것이다. 새로운 사회를 열어갈 창조력과 변화는 비물질 노동을 하는 다중, 사회 곳곳에서 더 나은 세상을 위해 땀 흘리는 다중으로부터 나온다. 다중인 '우리'는 이미 세상을 바꿀 '무기'를 갖고 있다.

> 필요한 무기들은 바로 다중의 창조적이고 예언적인 힘 안에 있는 것이 아닌가? 아마도 우리는 우리 자신을 탈근대의 혁명적 욕망 안에 놓고서 이번에는 이렇게 대답할 수 있을 것이다. 우리는 이미 '무기'와 '돈'을 갖고 있지 않은가? 마키아벨리가 필요하다고 주장한 화폐는 사실상 삶정치적biopolitical 생산 및 재생산의 직접적 행위자인 대중의 생산성에 있을지도 모른다. 문제가 되는 종류의 무기는 다중이 사보타주할 잠재력에 포함되어 있을지 모르고 다중의 생산력으로 탈근대적 명령의 기생적 질서를 파괴할지 모른다.

자본은 노동에 기생하는 권력이다. 노동 없이는 살아남을 수 없다. 그리고 제국은 사람들의 노동이 물질 노동에서 비물질 노동으로 변하면서 자연스럽게 변모한 자본의 형태이다.

그런데 네그리와 하트는 제국주의에서 제국으로 자본주의가 변했다고 해서 암울해할 일이 아니라고 말한다. 오히려 도전이며 기회라고 생각한다. 세계의 다중이 서로 공통으로 생산하고 소통할 수 있게 되었기 때문이다. 지구화에 대항하는 '대항 지구화'가 생기고, 제국에 맞서는 '대항 제국'이 나타날 것이라고 예측한다. 이것은 '거대 정치권력'이 아니다. 외려 거대한 정치권력이 해체되어 다중에게로 권력이 넘어가고, 사람들은 지배나 구속을 거부하며 자율 노동을 하고 스스로 통치하는 자치 사회를 이룩한다. 네그리와 하트는 현실사회주의의 오류를 넘어 진정한 코뮌을 구성하고 실현할 수 있는 시대가 바로 오늘이라고 주장한다.

두 사람은 잇달아『다중』과『공통체』를 펴내면서 변화하고 있는 세상의 모습을 담아냈다. 하지만 이들의 낙관이 지나치다는 비판도 있다. 다중의 출현으로 자본의 제국을 넘어서는 코뮌 공동체가 생기기는커녕 자본의 횡포와 폭압이 갈수록 극심해지고 있기 때문이다. 게다가 이런 의문도 가능하다. 자본은 네그리와 하트의 논의까지 이용하지 않을까? 다중 또한 자본에게 이용당하지 않으리란 보장이 어디에 있을까?

그럼에도 두 사람의 주장은 우리가 마땅히 관심을 기울여야 할 의미와 가치가 있다. 촛불시위가 보여주듯이 이제 시민운동은 중심부 없이 펼쳐진다. 딱히 지도하는 이가 없어도 사람들은 자율적으로 소통하고 반응하고 판단하고 모이고 움직인다. '점령하라' 운동의 경우처럼 전 세계에서 동시에 시위가 벌어지기도 한다. 세상은 잘 변하지 않지만 조금씩일망정 분명히 변한다.

세상을 바꾸고 이끌어가는 힘은 결국 사람에게 있다. 인류사를 여기까지 끌고 온 건 수많은 사람들의 고뇌와 지혜, 희망과 헌신, 땀과 목숨이었다. 앞으로의 미래도 다중의 희망과 역량에 따라 펼쳐질 것이다.

긍정하는
노예의 삶을
부정하라

『일차원적 인간』 _ 헤르베르트 마르쿠제

● 헤르베르트 마르쿠제 Herbert Marcuse(1898~1979)

2차세계대전 중 미국으로 건너간 독일 출신의 사회사상가이자 정치철학자이다. 20세기 후반 정치적 좌파 진영에 강력한 영향을 끼쳤으며, 마르크스주의를 사회 변화에 맞게 재해석한 사회학자로 평가받고 있다. 또한 헤겔, 마르크스, 프로이트 연구가로, 고도산업사회의 비판적 이론가로, 그리고 1960년대 후반 세계적 규모의 학생운동의 긍정적 이데올로그로 평가되었다. 철학상으로는 헤겔의 변증법, 사회이론으로는 마르크스의 노동 소외 사상, 문명론으로는 프로이트의 에로스 사상을 통합하여, 현대 산업문명에 대한 변증법적 부정철학이론인 '비판이론'을 개진하였다. 『이성과 혁명』, 『일차원적 인간』, 『에로스적 문명』 등을 집필하였다.

머릿속까지 관리하는 사회

산업화를 거치면서 세상은 크게 바뀌었다. 인간은 고도의 기술력으로 자연을 거의 지배하는 수준에 이르렀다. 자연 착취는 매우 효율성 있게 이뤄졌고, 그 결과 생산성이 비약하여 인류의 물질 토대는 더없이 풍요로워졌다.

그런데 자연을 지배하기 위해 발전시켜온 기술과 과학이 사회를 통제하고 여론을 조작하는 용도로 바뀌면서 도리어 인간을 지배하고 있다. 자유를 위해 추구한 합리성은 인간의 자유를 빼앗고, 풍요를 위해 성장시킨 산업사회는 우리의 삶을 옥죄고 있다. 문명의 성과는 지나치게 발달한 합리성 안에서 수많은 비합리성과 부조리를 드러낸다. 합리성의 비합리성이다.

그러나 우리는 물질의 풍요와 편리한 서비스에 젖어 불합리한 사회에 저항하지 못한다. 존재의 자유보다 일신의 편안함을 욕망한다. 일상의 부조리는 외면한 채 현실에 동화되고 안주해버린 오늘의 우

리에게 헤르베르트 마르쿠제의 『일차원적 인간One-Dimensional Man』•
은 매우 의미 있는 화두를 던진다.

독일 출신의 정치철학자 마르쿠제는 우리의 내면까지 지배하는
관리사회가 출현했다고 분석한다. 사회 통제는 이전과 비교할 수 없
을 정도로 오싹하고 치밀하게 이뤄지고 있다. 그것은 우리의 무의식
에까지 침투하여 이미 뼛속 깊이 무기력을 심어두었다. 저항은 꿈도
꾸지 않는다. 지금과 다른 현실은 감히 상상하지 못한다. 왜냐하면
내 머릿속이 관리되고 있기 때문이다. 우리는 자본주의 체제에 완전
히 동화되었다. 관리와 통제에 제대로 길들여졌다. 그 결과 정신이
마비되었다.

인간이 문명을 발달시킬 수 있었던 힘은 '부정의 힘'이었다. 현실
을 그대로 받아들이지 않고 부정하고 변화시키면서 문명의 발달을
이룩해왔다. 비가 몰아칠 때를 생각해보자. 처음에는 어쩔 수 없이
비를 맞거나 나무 밑에 웅크리고 있었을 터이다. 그러나 인간은 동
굴 속으로 들어갔다가 나중에는 집도 지으면서 이전의 현실을 부정
하고 새로운 환경을 창조해냈다. 부정의 사유, 현실을 비판하는 힘은
인간이 지닌 대단한 능력 중 하나이다.

그런데 산업문명이 고도로 발전하면서 부정의 힘이 사라졌다. 현
대인은 자본주의 체제를 부정할 수 없는 절대적인 것으로 받아들인
다. 이제 비판하는 인간의 능력은 마멸되었고, 물질의 유혹에 이성은
마비되었다. 반대자들은 자본주의 체제 안으로 통합되어 사라진다.
자본이 한쪽으로만 치닫지 않도록 반대하고 부정하던 세력은 어느

덧스러지고, 자본주의 독재가 세상을 점령했다.

우리는 노예가 되어버렸다. 이렇게 자유롭고 투표할 권리도 있는데 '내가 왜 노예냐'며 불쾌해 할지도 모르겠다. 헤르베르트 마르쿠제는 노예를 이렇게 설명한다.

> 발전한 산업문명의 노예는 승화된 노예이기는 하지만, 그들도 여전히 노예임에는 다를 바 없다. 왜냐하면 어떤 인간이 노예라고 판단되는 것은 그 인간의, "복종에 기인하는 것도 노동의 엄격성에 기인하는 것도 아니고, 도구로서의 신분 및 인간의 사물 상태로의 환원에 기인하기 때문이다." 도구로서, 사물로서 생존한다는 것, 이것이 예속 상태의 순수한 형태이다.

내 삶이 회사의 이익을 위한 도구로 쓰일 때, 나의 가치가 산업문명이 원하는 대로 쓰이다 버려지는 노동력일 때, 자기가 원하는 대로 살지 못할 때 우리는 노예가 된다. 우리의 삶은 체제에 예속되어 있다. 이 풍요로운 사회에서 우리는 날마다 불안하다. 내가 도구로 쓰이지 못할까봐 '스펙'을 쌓고, 더 비싼 '몸값'으로 팔리기를 원한다. 마치 고대의 노예들이 노예시장에서 좀 더 나은 주인에게 팔려가기를 기대하듯이 말이다.

왜 우리는 노예처럼 살면서도 관리받는다는 걸 눈치채지 못할까? 우리를 에워싼 대중매체와 세속 문화가 우리의 비판의식을 차단하고 제거하기 때문이다. 일상에서 대중매체에 노출되고 대중문화를

■ 오노레 도미에의 작품「삼등열차」.
화가, 판화가, 시사만화가로 활동한 오노레 도미에는 가난한 사람들의 지친
일상과 고단한 삶에 대한 깊은 통찰을 작품으로 표현했으며, 신문 삽화를 통
해 프랑스 정치와 부르주아 계층을 신랄하게 비판했다.

즐기다보면 비판의식이 생길 틈이 없다. 거기에는 애초에 비판하는 의식이 없다. 있다고 해도 겉치레에 가깝다. 게다가 우리는 매체를 통해 어느 정도 걸러진 정보들만 보고 들으면서 자랐기 때문에 사회비판을 부담스러워한다. 좋은 얘기만 계속 듣고 싶어 한다. 대중문화가 '순환'하는 이유이다. 시간이 지나면 똑같은 소식이 반복된다. 돌아서면 잊어버릴 얄팍한 내용들은 쉼없이 재생산되어 사람들을 웃고 울게 만들면서 대중문화를 지배한다.

우리는 무언가를 사유하고 지성을 갖추도록 훈련받지 않는다. 현실의 문제를 좋게 받아들이고 순응하도록 길러진다. 우리의 정신은 붕어빵처럼 관리사회의 틀에 찍혀 나온다.

부자의 욕망을 욕망하는 노예

자본주의에서는 나의 사고는 물론 욕망마저도 조작되고 재정의된다. 내 생각인 줄 알았는데, 남들도 다 똑같은 얘기를 한다. 내 욕망인 줄 알았는데, 남들도 지갑을 열어 나와 똑같은 상품을 산다. 우리는 다같이 '일차원 인간'이 되어 대중을 이룬다. 내 욕망, 내 생각, 내 감정은 나의 것이 아니다. 관리사회가 허락하고 용인하고 조장한 것이다. 대중매체를 통해 들은 것을 자기 생각처럼 얘기하고, 백화점이나 길거리에서 유행하는 상품을 내가 욕망하는 상품으로 착각한다.

우리는 노예처럼 주인과 관리자들의 언어로 말하고 그들의 욕망을 욕망하며 살아간다.

가난한 사람이 자본가의 이익을 대변하는 정당에 표를 던지는 이유가 여기에 있다. 대중매체의 손에 길러진 우리는 자신에게 도움이 되기는커녕 해를 끼치는 정책을 밀고 있는 정당이 내 삶에 도움이 된다고 믿는다. 그런 나의 생각과 말은 지배자들의 욕망을 채우는 데 일조하게 된다.

이데올로기는 우리의 삶에 녹아 있다. 일하고 생산하고 소비하는 모든 것이 관리되고 있으므로 우리는 산업사회의 이데올로기를 매 순간 받아들이고 재생산하는 셈이다. 당연히 비판할 이유를 못 느끼고 엄두도 나지 않는다. 내 삶과 산업사회가 한통속인데, 어떻게 자본주의를 비판하겠는가?

헤르베르트 마르쿠제는 우리를 노예라고 규정하지만, 사실 스스로 노예라고 느끼는 사람은 별로 없다. 왜냐하면 지금 우리는 자유롭기 때문이다. 양극화 시대의 계급 격차는 가파르지만, 겉으로는 다들 평등한 시민으로 사는 듯이 보인다.

욕망도 상향 평준화되어 노동자와 자본가의 바람이 크게 다르지 않다. 대출을 받으면 자본가가 모는 차를 노동자도 몰 수 있고, 큰 출혈을 감수하면 자본가가 놀러 가는 외국의 휴양지도 갈 수 있다. 일용직 노동자도 신용카드로 긁으면 비싼 명품 가방을 살 수 있는 세상이다. 지배자와 피지배자가 똑같은 신문을 보고 똑같은 정보를 얻고 똑같은 욕망에 사로잡힌다.

실제로는 극소수 지배 세력이 다수의 고통 덕분에 땀 한 방울 흘리지 않고 떵떵거리며 살지만, 지배와 피지배의 관계는 베일에 가려 잘 드러나지 않는다. 그래서 마르쿠제는 얘기한다. "억압적인 전체의 지배 아래서, 자유는 강력한 지배 도구가 될 수 있다."

자유는 지배의 도구로 쓰인다. 원하지 않는 걸 사게 만드는 소비의 자유, 남들 앞에서 으스대는 욕망의 자유, 관리되지만 자유롭다고 느끼는 착각의 자유 등이 그렇다. 해방의 자유가 아니라 속박의 자유이다. 관리사회는 우리의 마비된 의식이 깨어나지 못하도록 '기만의 자유'를 전파하며, 진정한 자유의 욕망을 질식시킨다.

> 이 사회에는 낭비물의 생산과 소비를 요구하는 압도적으로 강한 욕구, 노동이 더 이상 실제로는 필요하지 않은 곳에서도 감각을 마비시킬 정도로 일하려는 욕구, 이 마비를 경감하고 지연시키는 갖가지 기분전환을 추구하는 욕구, 이를테면 관리가격에 의한 자유경쟁, 자율로 검열하는 자유 언론, 상표와 상업광고 사이의 자유로운 선택에서 보이는 기만적인 자유를 유지하고 싶다는 욕구 등이 사회 통제에 의해 강요되고 있다.

부자가 되려는 욕구, 더 많은 걸 가지려는 욕구는 사회의 통제에서 비롯되었다. 말 잘 들으면 사탕을 주는 유치원 교사에게 아이들이 점점 길들여지는 것처럼 우리는 언젠가 행복을 안겨주겠다는 체제의 사탕발림에 순치된다. 이제 우리는 자신의 정체성을 상품에서 얻는다. 사는 동네, 출신 학교, 내가 입은 옷의 상표 등에서 기쁨과 성취를 느끼고 삶의 의미를 얻으며, 내가 누구인지를 이해한다. 우리는 순순히 알아서 통제에 따른다.

행복 최면에서 깨어나라

관리사회의 시민들은 '긍정'하려고 애를 쓴다. 자본주의 체제가 약간의 빵가루를 뿌려주면 그 맛에 취하여 열심히 노동하면서 충성을 다한다. 이토록 좋은 사회에서 불뚱거리는 사람은 '이상한 종자'로 취급받는다. 사회에 문제의식을 가지면 노력하지 않는 사람이거나 패배자의 푸념으로 매도된다.

어처구니없는 사건이 터져도 사람들은 분노하기보다는 애써 웃음짓는다. 우리의 의식은 쾌락과 안정에 취해 있다. 가끔 외면하기 힘든 심각한 문제가 벌어지면, '예외'의 일, 나와 상관없는 일로 밀쳐낸다. 나를 불편하게 하는 것을 참지 못한다. 나는 평화롭고 행복해야 한다. 전쟁이 터지고, 살인 사건이 나고, 부패가 들끓어도 나는 모르쇠이다. 나만, 내 가족만, 지금만 행복하면 된다.

기만 가득한 행복과 거짓 평화에 갇힌 채 우리는 살아간다. 일차원 인간이 되었기 때문이다. 일차원으로 바라보고 일차원으로 생각하고 일차원으로 살아간다. 배운 게 많고 가진 것도 많지만 보잘것없고 얄팍한 인간이 되었다. 복잡하고 골치 아픈 얘기는 손사래 치며 듣기를 거부한다. 무지를 부끄럽게 생각하지 않는다. 사회를 비판하는 것은 쓸데 없이 분란만 일으키는 행위로 여긴다. 최면에 걸린 우리는 사회가 명령하고 관리하는 대로 살아간다.

현대인은 생의 본능인 에로스마저도 일차원화되었다. 인간은 본디 세상과 마주치고 자연과 부대끼면서 리비도libido, 즉 생명 에너지를 체험하던 존재였다. 도전하고 저항하면서 짜릿함과 황홀감을 누렸다. 그러나 이제 대부분의 에로스는 사라지고 박탈당했다. 우리는 지금의 삶을 벗어나는 '바깥'을 꿈꾸지 못한다. 사유와 행동은 엄격하게 제한된다. 그 결과 현대인의 에로스는 성행위로 축소되었고, 생명 에너지는 성의 쾌락에만 집중하여 분출된다.

들불처럼 번져가는 성산업과 성범죄는 고독하고 협소한 에로스의 일그러진 얼굴이다. 우리의 육체는 다른 에로스를 꿈꾸지 못한다. 일차원화된 에로스에 얽매여 있다. 관리사회는 리비도가 풍요롭고 충만한 삶의 에너지로 승화되는 것을 억압한다. 리비도는 다양성을 잃고, 우리는 사회의 명령에 따라 섹스에만 몰두한다.

섹스에 집착해서 얻는 짧은 만족은 초라하고 허접한 삶을 덮는 가면이다. 가면 안에서는 하루하루 가학과 일탈이 자라난다. 원인 모를 불만과 불안이 꿈틀댄다. 행복지상주의를 퍼뜨리는 대중문화에 길들여진 우리는 때때로 엄습하는 외로움과 고통에 시달리지만, 다시 또 행복 최면에 빠져든다.

이것이 헤르베르트 마르쿠제가 우리에게 던진 화두이다. 마르쿠제의 화두를 참구參究하면, 행복 최면에 걸린 일차원 인간으로 끊임없이 관리되는 우리 삶의 실상이 선명하게 보인다. 변화는 실상을 직면하는 데서 시작된다.

사유의 힘이
우리를 구원하리라

『예루살렘의 아이히만』_ 한나 아렌트

한나 아렌트 Hannah Arendt(1906~1975)

고등학교에서 교사에게 반항하다 퇴학당한 뒤, 가정교육과 베를린 대학 청강을 거쳐 1924년 마부르크 대학에 진학했다. 그곳에서 하이데거에게 수학하며 그와 길고 산발적인 연애관계를 지속했는데, 이후 나치에 적극 협력하는 모습에 환멸을 느껴 결별했다. 하이델베르크 대학에서 실존철학자 야스퍼스의 지도 아래 박사학위를 받았다. 1933년 히틀러 정권이 출범하자 파리로 이주하여 반나치 운동을 하며 지냈다. 1940년 프랑스가 독일에 함락되고 이듬해 두 번째 남편 블뤼허와 함께 미국으로 망명, 뉴욕에 정착했다. 『전체주의의 기원』을 발표하여 학계의 주목을 받았으며, 『인간의 조건』으로 정치철학자의 입지를 굳혔다. 나치 전범 아돌프 아이히만의 재판 과정을 담은 책 『예루살렘의 아이히만』에서 '악의 평범성'이라는 개념을 선보여 큰 반향을 일으 켰다.

어느 평범한 사람의 죄악

우리는 대부분 평범한 사람들이다. 평범하다는 건 비록 대단한 능력이나 빼어난 재주가 있지는 않더라도 적어도 주어진 역할은 해낸다는 뜻이다. 타인의 목숨을 담보로 자기 욕심을 채우려는 이들이 수두룩한 세상에서 내 힘으로 평범하게 살아가는 것도 그리 불만스럽거나 모자란 일은 아니다. 그러나 주어진 대로 순응하는 '평범함'에 안주하다보면 자기만의 세계에 갇히고, 자칫하면 크게 사달이 날 수 있다.

이 세상은 본디 고정불변한 어떤 실체가 아니라 내가 만들어가는 '구성물'이다. 세상은 내가 바라보고 이해하는 딱 그만큼의 크기로 내 앞에 놓여 있다. 따라서 현재의 위치에서 벗어나려고 노력하지 않으면, 내 눈에 보이는 세상이 전부이고 진실이라고 믿는 오류에 빠지게 된다. 밥이 없으면 빵을 먹으면 되지 않느냐는 소리를 아무렇지 않게 하는 '배부른 괴물'이 될 수도 있다.

물론 자기 세계에 갇혀 있지만 남에게 피해 입히지 않고 사는 착한 사람들도 많다. 쓰레기 분리수거를 잘 하고, 교통신호를 잘 지키며, 꼬박꼬박 세금을 내고, 기부도 한다. 그러나 스스로 생각하고 판단해서가 아니라 관성에 의해 기계처럼 사회 규칙을 지키는 것이라면 문제는 달라진다. 규범과 법률은 시대와 상황에 따라 얼마든지 바뀔 수 있기 때문이다. 누군가를 고문하라는 명령이 내려졌을 때, 고분고분 규칙을 잘 지키는 '착한 사람들'은 온갖 잔인한 짓을 저지르는 고문기술자로 변신하기 십상이다.

규칙과 질서를 무조건 따르기보다는 자기가 하는 행위의 근거를 생각하는 '사유의 자유'가 더 중요하다. 스스로 사유하거나 판단하지 않고 시키는 대로 하는 행동은 자신이 말 잘 듣는 노예임을, 단추를 누르면 작동하는 기계임을 드러낼 뿐이다.

2차세계대전 당시 유대인과 보헤미안들을 가스실로 수송했던 나치스 친위대 장교 아돌프 아이히만은 독일 패망 무렵 아르헨티나로 도망쳤다. 그러다가 이스라엘 정보 기관에 발각되어 예루살렘으로 끌려가 세기의 재판을 받았다.

독일 태생의 유대인 정치철학자 한나 아렌트는 아이히만의 재판을 참관하고 연구하면서 '평범함 속의 악'을 통찰했다. 그리고 『예루살렘의 아이히만Eichmann in Jerusalem』˙이라는 보고서를 세상에 내놓아 큰 파문을 일으켰다.

악은 대개 선과 뚜렷이 구별되고, 우리와는 질이 다른 나쁜 인간들이 저지르는 것으로 생각하기 쉽다. 그런데 아이히만은 머리에 뿔 달린 악마가 아니었다. 그저 주어진 명령을 잘 수행하는 평범한 사람이었다. 유대인을 죽도록 증오하거나 균형 감각을 상실한 정신이상자가 아니었다.

한 정신과 의사는 아이히만을 상담한 뒤에 "적어도 그를 진찰한 후의 내 상태보다도 더 정상이다"라고 탄식했다. 아이히만이 정말 미치광이고 유대인 혐오주의자였으면 그나마 마음이 혼란스럽지 않았을 텐데, 하도 평범해서 크게 충격을 받은 상황이었다. 아이히만은 살인에 흥분하지 않았고, 도덕성이 남달리 결여되지도 않았으며, 엽기 변태 성욕자나 가학을 즐기는 사디스트도 아니었다. 지극히 평범한 사람이었다.

> 예루살렘에서 아이히만이 자기 정신의 긍정적인 면을 가장 잘 보여줄 수 있었던 기회는, 그의 정신적 심리적 건강을 담당한 젊은 간수가 그에게 쉬면서 읽으라고 『롤리타』를 빌려주었을 때였다. 이틀 뒤 아이히만은 책을 돌려주었는데, 이때 그는 화가 나 있음이 분명했다. "아주 불건전한 책"이라고 그는 간수에게 말했다.

블라디미르 나보코프의 『롤리타』는 세계문학의 고전이다. 그러나 아이히만은 조금 읽어보더니 중년 남자가 10대 소녀에게 욕망을 느낀다는 소재 자체에 화를 내면서 불쾌해했다. 인간 안의 온갖 욕망에 대한 몰이해, 문학 작품을 대하는 상상력의 결여가 엿보이면서 동시에 아이히만이 얼마나 '평범한 인간'인지 알려주는 일화이다. 그는 유아 성폭행 사건이 일어나면 분노하고, 북한 문제가 사회를 시끄럽게 하면 반공을 외칠 보통 사람이었다.

『롤리타』에 화를 내는 아이히만이 정작 자기 손으로 죄없는 유대인들을 죽음으로 몰아넣을 때는 무덤덤했으니, 어찌 된 일일까? 자신이 무슨 일을 하고 있는지 아이히만이 모를 리 없었다. 평범한 우리 내면에서 작동하는 이른바 '양심'이 그에게도 있었다.

그렇지만 아이히만은 유대인 이송 문제를 뒤집어서 생각했다. 그는 죽게 될 사람들에게 동정심을 느꼈지만, 그것을 극복하는 걸 자신의 목표로 삼았다. 나치에게서 교육받은 대로 자신은 준엄하고 특별한 역사의 임무에 참가한다고 믿었다. 그래서 끔찍한 짓을 저지른다고 스스로 가책하는 대신 자신에게 주어진 어려운 일을 어떻게 하면 잘 해낼지 고민했다. 그는 나치가 저지른 일의 의미를 헤아리기보다는 자신이 수행해야 할 명령과 규범을 완수하는 데 골똘했다.

비슷한 일은 한국사에서도 자주 발견된다. '빨갱이'나 '반동'은 다 죽어야 한다는 명분 아래 악랄한 고문을 가하면서 그 일의 괴로움보다는 자신이 맡은 임무의 막중함을 핑계로 온갖 패악을 벌인 사건이 얼마나 흔했던가. 그들 역시 아이히만처럼 교육받은 대로 위에서 내려온 명령을 따랐을 따름이다. 내 머릿속에 들어온 생각들이 얼마나 무시무시한 힘을 발휘하는지 알 수 있는 대목이다.

내 생각이 나 스스로 고민하고 얻어낸 산출물이 아니라 외부의 권력이 심어놓은 세뇌의 결과라면, 나는 아이히만과 그리 다른 사람이 아니다. 권력이 입김을 불어 빚어낸 신념과 책임이 누군가를 죽이고 미워하도록 명령하고, 나는 이에 충실하게 따르는 꼭두각시로 변신한다. 권력이 요구하는 대로 움직인다. 폭행은 물론 살인도 서슴지 않는 노예가 된다.

타인의 고통을 모르는 괴물

우리는 지식이 많고 높은 지위에서 중대사를 책임지면 똑똑한 사람이라고 평가한다. 그런 기준이라면 아이히만도 똑똑한 축에 든다. 비록 중령에서 더 이상 승진을 못해 안달했지만 꽤 높은 자리까지 올라갔고, 핵심 임무도 맡았기 때문이다. 하지만 그를 똑똑하다고 생각하는 사람은 없을 것이다. 외려 어리석은 사람으로 간주한다.

그렇다면 똑똑함을 새롭게 정의할 필요가 있다. 진정한 똑똑함이란 무언가를 많이 습득하고 눈앞의 임무를 기계처럼 수행하는 것이 아니라 타인의 입장에서 생각할 줄 알고, 타인의 감정을 예민하게 읽어내는 능력이다. 역지사지의 사고가 없으면 몸은 성인이어도 정신은 아직 어린아이이다. 어른은, 똑똑한 사람은 나의 자리에서 너의 자리로 이동할 줄 안다. 나의 욕망과 기분대로만 행동하지 않고 타인은 어떨지 상상하고 공감해야 어른이다.

아이히만은 어른이 아니었다. 타인의 입장에서 생각할 줄 몰랐다. 유대인의 심정과 처지를 전혀 헤아리지 못했다. 그는 어리석었고, 자신의 세계에 틀어박혀 있었다. 타자를 받아들이지 못했다.

> 그의 말을 오랫동안 들으면 들을수록, 그의 말하지 못함은 그의 생
> 각하지 못함, 즉 타인의 입장에서 생각하는 능력의 결여와 매우 깊
> 이 연관되어 있음이 점점 더 분명해진다. 그와는 어떠한 소통도 가
> 능하지 않았다. 이는 그가 거짓말하기 때문이 아니라, 그가 말과 타
> 자의 현존을 막는, 따라서 현실 자체를 막는 튼튼한 벽에 에워싸여
> 있었기 때문이다.

한나 아렌트는 아이히만이 벽에 둘려싸여 타자와 소통하지 못했
다고 지적한다. 그런데 '현실 자체를 막는 튼튼한 벽'을 처음부터 갖
고 태어나는 사람은 없다. 자기 입장에만 골몰하고 타인을 배려하지
않으면 우물 안 개구리로 변해간다. 현재의 자기 모습이 어떻게 만들
어졌는지 되짚지 않을 때, 그저 주어진 일만 부지런히 할 때, 타자의
현존을 지각하고 인식하여 소통하지 않을 때, 높고 높은 장벽이 자신
도 모르는 사이에 솟아나 우리를 가로막는다.

자신은 유대인을 죽일 의도가 없었고, 유대인을 증오하지 않으며,
죄책감도 느끼지 않는다고 아이히만은 법정에서 증언했다. 하라는
것만 충실하게 수행한 하수인일 뿐이라는 주장이다. 물론 아이히만
은 유대인들에 대한 증오와 유대인 절멸에 대한 신념이 강한 인물이
었으며, 법정에서는 자신을 변호하고자 속임수를 썼던 것으로 훗날
밝혀졌다. 아이히만은 아무 생각 없이 그저 명령에 따라 행동한 인물

━ 독일의 나치스 친위대 장교 아돌프 아이히만은 2차세계대전 당시 유럽 각지
에 있는 유대인의 체포 및 강제이주를 지휘했다. 독일 패망 무렵 도망쳤다가
이스라엘 정보기관에게 발각되어 1961년 12월 예루살렘의 법정에서 세기의
재판을 받은 뒤 사형판결을 받고, 1962년 5월 교수형에 처해졌다.

은 아니었다. 그렇다고 아렌트의 통찰이 완전히 무의미한 것은 아니
다. 아이히만은 자신의 편견과 신념에 대해 사유하지 않았다. 전체주
의 독재 체제에 순응하며 타인을 억압하고 그들의 고통에 대해 무사
유했다. 그리고 거기서 끔찍한 악이 발생했다.

우리 주변에서도 아이히만의 변명과 비슷한 얘기들이 들려온다.
자신은 나쁜 사람이 아니라고, 정말 하고 싶지 않았지만 세상이 이러
니 어쩔 수 없었다는 변명들이 사방에서 웅성댄다. 법정에서 자신을

변호한 아이히만의 목소리들이다.

명령이 떨어지면 부당하더라도 따를 수밖에 없는 우리의 삶이 묘하게 아이히만의 모습과 겹쳐진다. 모두가 진흙탕에서 뒹굴며 질펀하게 싸웠는데 자신만 처벌받는 건 불합리하다는 아이히만의 논리는 깨뜨리기가 그리 호락호락하지 않다.

> 피고는 전쟁기간 동안 유대인에게 저지른 범죄가 역사에 기록된 가장 큰 범죄라는 것을 인정했고, 또 피고가 거기서 한 역할을 인정했습니다. 그런데 피고는 자신이 결코 사악한 동기에서 행동한 것이 아니고, 누구를 죽일 어떠한 의도도 갖지 않았으며, 결코 유대인을 증오하지 않았지만, 그러나 그와 다르게 행동할 수는 없었으며, 또한 죄책감을 느끼지 않는다고 말했습니다. … 피고가 말하려는 의도는 모든 사람, 또는 거의 모든 사람이 유죄인 곳에서는 아무도 유죄가 아니라는 것입니다.

평범한 우리들이 그 시대의 아이히만이었다면 과연 다른 선택을 할 수 있었을까? 일제에 동조했던 친일파나 독재정권에 빌붙었던 끄나풀들을 청산하지 못한 까닭이 여기에 있다. 물론 시대 상황의 혼란을 틈타 친일파나 독재에 기생하던 자들이 교묘하게 빠져나간 점도 있지만, 적극 부역하지는 않았더라도 알게 모르게 많은 사람들이 일제나 독재에 순응하고 협력한 탓에 과감하게 단죄하지 못한 책임도 크다. 일제가 패망한 뒤 일본 사회가 일부 A급 전범들에게만 죗값을 치르게 했을 뿐, 대다수 동조자들에게는 책임을 물지 못한 이유도 모두가 유죄인 곳에서는 아무도 유죄가 아니라는 논리 때문이 아닐까?

스스로 생각하는 힘을 키워라

타인의 입장에 대해 사유하지 않고, 상대의 감정을 헤아리지 않으며 주어진 명령을 고분고분하게 따르는 평범함 속에서 악이 자란다. 이런 경우 문제가 복잡해진다. 악을 행하는 평범한 사람들은 자신이 악행을 저지르는 것을 잘 모른다. 악은 나중에야 평가받는다.

혹시 나치가 전쟁에서 패배하지 않았다면 어땠을지 상상해보자. 아이히만은 재판정에 끌려가 사형선고를 받지 않았을 것이다. 도리어 훈장을 받고 떵떵거리면서 진급했을지 모른다. 최선을 다해 자신의 임무를 수행했으니 말이다. 그렇다면 악이란 권력을 잃은 자들을 처벌하려는 낙인이 아닐까?

악이라는 딱지는 권력자가 힘을 잃은 다음에야 붙는다. 권력을 잃지 않는다면 비록 외부 세계의 비판을 받을지언정 어떤 짓을 저질러도 내부에서는 악이라고 평가받지 않는다. 아이히만이 죄인인 까닭은 '패배한 편'이기 때문이다. 인간이 세운 정의란 이토록 허술하다.

한국 전쟁 당시 수백만의 애꿎은 사람이 죽었다. 남한도 북한도 민간인을 학살했다. 학살에 참여한 이들 중 자신의 죄를 용서해달라고 나선 이는 없었다. 비겼기 때문에 서로가 서로를 악이라고 주장했지만 결국 아무도 처벌받지 않았다. 전쟁에 참여하여 사람을 죽인 이들을 죄인이라고 몰아붙인다면, 그들은 우리에게 되물을 것이다. 자신들도 아이히만처럼 평범한 사람이고, 시대 상황에 따라, 집단의 논리에 따라 어쩔 수 없이 했는데 왜 죄인이 되어야 하느냐고.

명령대로 움직인 사람에게 과연 책임을 물을 수 있을까? 1980년 5월 광주 시민을 무력으로 진압한 계엄군에게 책임을 묻는 것은 정당한가? 총을 쏘라는 상관의 명령을 우리는 거부할 수 있을까?

권력 앞에서 개인은 스스로 판단하고 행동하기보다 집단의 이익에 매몰될 수밖에 없는 존재임을 아이히만은 깨닫게 해준다. 제아무리 강고하게 정의의 기준을 세웠다고 하더라도 거대한 권력 앞에 인간의 자유란 허약하기 짝이 없다.

'무사유'는 악을 탄생시킨다. 타인의 입장을 생각하는 수고, 스스로 사유하는 힘을 키우는 노력이 필요하다. 더불어 집단의 논리에서 벗어나 개개인이 자율성을 지키면서 잘못된 권력의 요구에 순응하지 않아도 피해를 입지 않는 사회를 실현하는 일이 무엇보다 중요하다. 힘들지만 반드시 가야 할 길이다. 그렇지 않으면 우리도 시대의 법정에 서서 자신은 말 잘 들은 죄밖에 없다며 억울함을 호소하는 끔찍한 아이히만으로 전락하고 말 것이다.

편견과
이데올로기의 탄생

『오리엔탈리즘』_ 에드워드 사이드

- ## 에드워드 사이드Edward Said(1935~2003)

  1935년 팔레스타인 예루살렘에서 태어났다. 이스라엘 건국과 함께 이집트 카이로로 이주했다. 1950년대 말 미국으로 건너가 프린스턴 대학을 졸업하고 하버드 대학에서 박사학위를 받았다. 컬럼비아 대학 영문학·비교문학 교수, 하버드 대학 비교문학 객원교수로 지내며 이론가·문학비평가로 활동했다. 서구인이 말하는 동양의 이미지가 서구의 편견과 왜곡에서 비롯된 허상임을 체계적으로 비판한 『오리엔탈리즘』을 출간하면서 세계적인 명성을 얻었다. 그 밖에 『문화와 제국주의』를 비롯해 『팔레스타인 문제』, 『지식인의 표상』, 『저항의 인문학』 등 여러 저술을 남겼다. 1994년부터 백혈병으로 투병생활을 하던 중 2003년 9월 뉴욕에서 생을 마감했다.

서양이 꾸며 만든 동양

1978년에 출판된 『오리엔탈리즘Orientalism』*은 문화이론과 탈식민 연구에 크나큰 영향을 끼친 현대의 고전이다. '오리엔탈리즘'이란 용어는 빠른 속도로 세계 전역에 널리 퍼져나갔다. 지은이 에드워드 사이드를 모르는 사람도 '오리엔탈리즘'이란 말은 어디서든 한번쯤 듣게 되었다.

에드워드 사이드는 서구 백인들의 생각이 얼마나 외곬으로 치우치고 삐뚤어졌는지 수많은 문헌을 뒤져 밝혀냈다. 서구가 아랍과 무슬림에 대해 품고 있는 편견들을 드러내 보이면서 오리엔탈리즘에 사로잡힌 인식 체계를 비판했다. 그 결과 서구 백인 지식층에게 큰 반감을 사기도 했다.

『오리엔탈리즘』은 서구의 뒤틀린 의식세계를 들춰내는 걸 넘어서 우리의 생각과 감각이 어떻게 형성되는지 돌아보게 한다. 무언가를 판단하고 평가할 때 외부의 영향에서 온전히 자유로운 사람은 없다.

어쩔 수 없이 자신이 속한 사회의 영향을 받기 마련이다. 나의 생각이라는 것은 순수하거나 독자적이지 않다. 이미 세상이 펼쳐놓은 생각의 자락에 휘감겨 있다. 그래서 자신의 견해가 어디서부터 비롯된 것인지 성찰할 줄 알아야 한다. 자기 머릿속을 되짚어 사유하지 않으면 남이 집어 넣은 생각에 잠식당하고 만다.

그러나 내 생각에 의문을 품기란 쉬운 일이 아니다. 타인에 대한 세간의 평가를 의심하기는 더더욱 어렵다. 그를 실제로 만나 부대껴 본 적도 없으면서 사람들이 말하는 대로 믿게 된다. 여럿에게 미운털이 박힌 사람은 괜히 미워보인다. 정말 미움받을 만한 사람인가는 중요하지 않다. 누군가를 향해 미움의 표상이 집중되고 퍼져나가면 어쩐지 나도 그 대상이 싫어진다.

서구에서 동양을 대하는 것도 비슷한 맥락이다. 서구는 자신들의 입장과 기준에 따라 연구하고 판단한 동양에 대한 관점을 널리 가르치고 유포했다. 제멋대로였지만 한번 형성된 그 표상들은 쉽사리 바뀌지 않은 채 서구인들의 머릿속을 지배했고, 그들은 그 표상대로 동양을 이해하고 평가해왔다.

> 달리 말하자면 친숙한 '자기들의' 공간과 그 공간 건너편에 있는 생경한 '그들의' 공간을 마음속에서 이름 붙여 구별한다고 하는, 이 보편적인 습관은 실제로 지리적 구분을 하는 하나의 방식이고, 그것은 완전히 자의적일 수 있다. 내가 여기서 '자의적'이라는 말을 사용하는 것은, '우리들의 토지─야만인의 토지'와 같은 식의 상상의 지

리에서 야만인측이 이 구별을 인정할 필요가 전혀 없기 때문이다. '우리들'이라는 자신의 마음속에서 멋대로 경계선을 그으면 그것으로 충분하고, 그 결과 '그들'은 자동적으로 '그들'이 되고 그들의 영역과 그들의 심리는 '우리들'의 그것과는 다른 것으로서 나타난다.

오리엔탈리즘은 이데올로기적인 편견으로 우리와 그들을 나누는 경계선이다. 일단 주입된 편견은 웬만해서는 바뀌지 않는다. 그들은 야만인이고 우리는 문명인이라는 믿음은 대다수 사람들의 입에 오르내리면서 시나브로 단단한 진실이 된다. 서구인들이 흔히 갖는 동양에 대한 환상과 편견은 이처럼 오리엔탈리즘에서 비롯되었다. 같은 인간이지만 그들과 우리 사이에 금이 그어지면서 이제 그들은 우리가 아닐 뿐더러 그들과 우리는 구별되어야만 한다.

그렇다면 서구는 왜 오리엔탈리즘을 만들었을까? 동양이라는 타자가 필요했기 때문이다. 모든 존재는 타자를 통해 자신을 정의한다. 내가 존재하려면 네가 있어야 한다. 너와의 차이를 구별함으로써 '나'라는 존재가 성립한다.

서구는 오리엔탈리즘을 통해 자신을 정의했다. 동양과 비교 대조하여 자신을 구성했다. 나를 낳고자 너를 낳은 셈이다. 너와 나의 구별을 근거로 가동되는 것이 오리엔탈리즘이다.

오리엔탈리즘이란 오리엔트, 곧 동양에 관계하는 방식으로서, 서양인의 경험 속에 동양이 차지하는 특별한 지위에 근거한다. 동양은 유럽에 단지 인접되어 있다는 것만이 아니라, 유럽의 식민지 중에서도 가장 광대하고 풍요하며 오래된 식민지였던 토지이고, 유럽의 문명과 언어의 연원이었으며, 유럽 문화의 호적수였고, 또 유럽인의 마음속 가장 깊은 곳에 반복되어 나타난 타인의 이미지이기도 했다. 나아가 동양은 유럽(곧 서양)이 스스로를 동양과 대조되는 이미지, 관념, 성격, 경험을 가진 것으로 정의하는 데에 사용되었다.

서구인이 생각하는 동양은 실제 동양이 아니다. 동양이라는 말이 가리키는 영역 범위부터 사람들마다 달리 받아들인다. 누구는 중앙아시아를, 어떤 이는 동북아시아를 떠올린다. 또 다른 이는 서아시아를 생각한다. 한마디로 규정할 수 있는 동양은 애초에 존재하지 않는다.

그러나 동양을 계속 거론하는 가운데 특정한 이미지가 만들어졌다. 동양의 이미지는 대개 신비롭고 환상의 범벅이다. 서구인이 편의에 따라 동양을 만들었기 때문이다. 자신들이 주체가 되기 위해서 동양을 객체화시킨 것이다. 그들이 생각하는 동양은 왜곡된 결과이다. 서양인이 생각하는 동양의 인상에 동양인은 정작 동의하지 않는데, 서구는 자신들의 판단을 믿어 의심치 않는다. 이것이 이데올로기이다. 에드워드 사이드가 'ism'을 붙여 오리엔탈리즘이라고 명명한 이유이다. 오리엔탈리즘은 처음부터 나뉘어진 구역도 없고 실재와 연관된 관념도 아니지만 현실에서는 본디 존재했던 것처럼 기능한다.

우월의식으로 가득찬 거짓 신화

오리엔탈리즘은 서구 문명의 "일종의 대리물이자 은폐된 자신"이다. 동양이라는 대리물을 통해 자신들의 정체성을 획득했기 때문이다. 오리엔탈리즘은 서구의 그림자이다. 그래서 오리엔탈리즘을 들여다보면 서구 문명이 감추려는 그들의 맨얼굴이 드러난다.

서구는 오리엔탈리즘을 통해 자신들의 침략을 정당화했다. 서구 제국주의가 전쟁을 일으킬 때, 그 뒤에 오리엔탈리즘이 있었다. 오리엔탈리즘은 식민지 지배를 합리화하기 위해 뒤늦게 만들어진 것이 아니라 침략에 앞서 이미 서구인들의 의식 또는 무의식 속에 배어 있었다. 서구인들은 오리엔탈리즘에 젖어 동양은 미개하고 불결하고 뒤떨어졌으니 자신들이 계몽하고 이끌어줘야 한다며 전쟁을 지지했다. 동양을 마음대로 침탈하여 발밑에 둬도 된다는 잘못된 믿음이 그만큼 깊이 뿌리내리고 있었다.

오리엔탈리즘은 동양에 대한 편견이자 이데올로기인 동시에 서구인의 머릿속을 지배한 담론이었다. 그들은 느끼지 못했지만 팔레스타인 출신인 에드워드 사이드는 이를 감지했다. 그는 미국의 대학교수로서 서구인이 말하는 '우리'에 속하지만 백인이 아니기에 들어가지 못하는 '경계인'이었다. 경계에 선 사이드는 오리엔탈리즘이 단순히 동양에 대한 환상이나 업신여김으로 그치지 않는다는 사실을 알아차렸다.

오리엔탈리즘이 지향하는 것은 오리엔트 자체가 아니었다. 바로 서구였다. 오리엔탈리즘은 서구의 헤게모니를 유지하면서 침략의 길을 터나가는 도구로 쓰였다. 서구의 우월성을 맹신하도록 부추기고 다잡으면서 다른 가능성을 말살하는 것, 이것이 오리엔탈리즘의 핵심이다.

> 유럽 이외의 모든 민족과 문화를 능가하는 존재로 스스로를 인식하는 유럽인의 유럽관이 바로 그것이다. 나아가 유럽인의 동양관이 갖는 헤게모니라는 것이 있다. 그것은 동양인의 후진성에 대한 유럽인의 우월성을 계속 주장하여, 더욱 자율적으로 더욱 회의적으로 모든 현상을 생각하는 인물이 상이한 견해를 취할 수 있는 가능성을 없애버리는 것이 보통이다.

오리엔탈리즘은 이렇게 만들어졌다. 서구의 우월의식으로 직조된 허위의 신화이다. 신화는 일단 창조되면 좀처럼 사라지지 않는다. 머릿속에 뿌리내린 생각들은 악착스럽다. 비록 그 생각이 잘못되고 엉터리여도 바로잡기가 만만치 않다. 그래서 오리엔탈리즘은 단시일 안에 무너지지 않을 거라고 에드워드 사이드는 진단한다.

> 오리엔탈리즘은 허위와 신화로 이루어진 것에 불과하고 만일 그 진실이 밝혀진다면 허위와 신화는 일거에 없어질 것이라고 생각해서는 안 된다는 점이다. 나 자신은, 오리엔탈리즘이 갖는 독특한 가치는 동양에 관하여 진실을 말하는 언설(학문의 형태를 취한 오리

■ 19세기 프랑스의 화가이자 조각가인 장 레옹 제롬의 작품 「목욕」.
역사, 그리스 신화, 오리엔탈리즘의 묘사에 뛰어났던 제롬은 1854년에 터키
를 시작으로 이집트, 시리아, 팔레스타인 등지를 여행했다. 고국으로 돌아온
뒤 그는 그리스와 중동, 북아프리카 지역 등을 이국적 정취와 관능성이 넘쳐
나는 곳으로 묘사했다. 노예 시장과 하렘, 하얀 피부의 여인이 목욕하는 그림
등 제롬의 새로운 작품들은 곧 대중의 높은 관심을 끌었다.

엔탈리즘은 그러한 것으로서 스스로를 주장한다)의 측면보다도 동양을 지배하는 유럽적—대서양적인 권력의 표지라는 측면에서 더욱 분명하게 나타난다고 믿는다. 그럼에도 불구하고 우리들은 오리엔탈리즘에 관한 언설을 긴밀하게 엮어놓은 힘, 그리고 강력한 사회경제적인, 정치적인 여러 제도와 그것과의 지극히 밀접한 연결, 나아가 그 엄청난 지속력을 가볍게 취급하지 말고 그것을 이해하려고 노력해야 한다.

내 안의 오리엔탈리즘

오리엔탈리즘의 신화는 쉽게 무너지지 않는다. 그것이 사회경제 제도들과 밀접히 연결되어 이뤄지는 '규율-훈련'이기 때문이다. 오리엔탈리즘은 서구인을 길렀고, 그들의 머릿속을 장악해왔다.

에드워드 사이드는 미셸 푸코의 규율이론으로 오리엔탈리즘을 해석한다. 사람들을 폭력으로 지배하고 총으로 위협하는 일은 비용이 많이 들 뿐더러 어렵다. 하지만 일상의 규율-훈련을 통해 사람들에게 생각의 굴레를 씌우면 다스리기가 편하다. 노예인 줄 모른 채 순종하는 노예가 가장 좋은 노예이다. 지금도 서구에서는 피부색에 따라 사람을 차별하고 얕잡아보게 만드는 수많은 언설과 담론들이 형성되면서 '오리엔탈리즘'이 꾸준히 재생산되고 있다.

서구만 핀잔할 일은 아니다. 우리 안에도 그 못지않게 심각한 오리엔탈리즘이 존재한다. 동남아 사람들에 대한 편견과 차별, 백인들에 대한 선망과 환상은 우리 역시 오리엔탈리즘에 사로잡혀 있음을 보여준다. 오페라「나비부인」과 뮤지컬「미스 사이공」은 오리엔탈리즘에 젖어 있는 서구 백인 남성들의 환상이 펼쳐지는 창작물이다. 하지만 우리는 별다른 문제의식을 못 느낀 채 좋은 작품이라며 비싼 돈을 내고 객석을 메운다. 에드워드 사이드의 말대로 권력 차이에서 비롯한 열등감과 추종 의식 때문에 스스로 우리 자신을 동양화시키는 작업에 참여하고 있는 것이다.

에드워드 사이드는 '고향을 잃어버린 소수자'로서 언제나 세상을 낯설게 바라보았고, 경계인으로서 미국사회에 순응하지 않고 비판 의식을 키워나갔다. 누구보다 공부를 많이 한 '먹물'이지만 '먹통'이 되지 않기 위해 세상 속으로 뛰어들어 자기 목소리를 내면서 사회변화를 이끌어내고자 실천한 지식인이었다. 노년에도 불의에 맞서는 저항을 그칠 줄 몰랐던 그의 뜨거운 삶은 수많은 사람들의 가슴에 불을 지피기에 충분하다.

세상을 예민하게 관찰하고 존재를 깊이 있게 고민하는 에드워드 사이드의 자세는 우리가 배우고 익힐 필요가 있다. 그 방식은 에드워드 사이드 떠받들기가 아니라 그의 연구를 밑바탕 삼아 새로운 희망을 길어올리는 것이다.

그의 탈식민주의 담론은 서구를 잣대 삼아 스스로를 낮잡던 우리 안의 열등감을 깨부수고, 성찰과 각성의 물보라를 일으킨다. 에드워드 사이드를 만날 때, 우리는 강자들의 욕망을 욕망하라는 부추김에서 벗어나 우리 안의 편견과 고정관념들을 무너뜨리며 더 나은 세상을 꿈꾸게 된다.

자기
무시로부터의
해방

『무지한 스승』 _ 자크 랑시에르

● 자크 랑시에르Jacoues Ranciere(1940~)

알제리에서 태어나 파리고등사범학교를 졸업하고, 1969년부터 2000년까지 파리8대학 철학
과에서 교수를 지냈으며 현재는 명예교수로 있다. 루이 알튀세르와 함께 『자본론 읽기』의 집필
에 참여해 명성을 얻었으나 1974년 알튀세르의 이론을 비판하고 그와 결별했다. 1975년에서
1981년까지 잡지 《논리적 봉기》의 편집을 맡았으며, 1990년대 중반부터는 미학과 정치의 관
계를 사유하는 데 집중해왔다. 미학과 관련한 저작으로는 『사람들의 고향으로 가는 짧은 여행』,
『무언의 말하기』, 『감성의 분할: 미학과 정치』, 『철학자와 그 빈자들』, 『이미지의 운명』, 『미학
안의 불편함』, 『지친 사람들에게는 유감이지만…』 등이 있으며, 정치와 관련해서는 『정치적인
것의 가장자리에서』, 『불화』, 『민주주의는 왜 증오의 대상인가』 등이 있다.

좋은 스승의 조건

알제리 출신의 프랑스 철학자 자크 랑시에르의 책을 읽는 사람들이 요즘 꽤 많다. '몫 없는 자들', '불화', '감각의 분배' 같은 랑시에르의 용어들도 이곳저곳에서 쓰인다.

평등과 민주주의의 철학자 랑시에르는 프랑스 68혁명 때부터 당을 중심으로 변혁을 추구하던 이론가들과 선을 그었다. 그러고는 노동자들에게 직접 눈길을 돌렸다. 자본주의의 병폐에서 벗어나 더 나은 사회를 만들겠노라 모두가 외쳤는데 왜 이 세상에 평등과 자유는 도래하지 않는가? 진정한 인간 해방이란 무엇인가? 랑시에르는 있는 힘껏 연구한 끝에 자기만의 답을 찾아냈다.

『무지한 스승Le Maitre Ignorant』*은 노동자와 인간에 대한 자크 랑시에르의 믿음이 담긴 매우 독특한 교육철학서이다. 그는 19세기 교육가 조제프 자코토의 지적 모험을 추적하며 책을 써내려간다. 자코토의 생각인지 랑시에르의 생각인지 모를 정도로 복화술하듯이 홍미

롭게 자신의 사유를 풀어놓는다.

조제프 자코토는 프랑스 혁명 이후 부르봉 왕가가 복귀하는 바람에 당시 네덜란드의 지배를 받던 벨기에로 망명한다. 그리고 1818년 루뱅 대학 프랑스문학 담당 외국인 강사가 되어 학생들을 가르친다. 그런데 그는 학생들이 쓰는 네덜란드어를 할 줄 몰랐고, 학생들은 그의 프랑스어를 알아듣지 못했다. 서로의 말을 알아들을 수 없는 스승과 제자가 모인 '말도 안 되는' 교실 풍경을 생각해보라.

어처구니없는 상황 속에서 자코토는 프랑스어-네덜란드어 대역본으로 된 책 한 권을 가지고 수업을 진행한다. 그는 단어나 문법을 하나도 가르치지 않은 채 학생들이 스스로 프랑스어를 익히도록 책을 반복해서 읽혔고, 포기하지 않도록 격려했다. 누가 보더라도 무지막지한 교수법이었지만 벨기에 학생들은 마침내 프랑스어로 글을 쓰기 시작했다.

학생들은 자신이 이해하는 언어와 이해하지 못하는 언어를 읽으면서 이 낱말이 저 낱말과 자꾸 같이 나오는 걸 보고 뜻이 동일한 낱말이라고 스스로 깨우쳤다. 선생의 특별한 도움 없이 불어를 배우고 매끄럽게 글을 쓰게 되었다. 스승이 '무지'한데도 배움이 이뤄졌다. 학생들은 자신의 능력을 믿고 꾸준히 따라했고, 어느덧 불어에 능숙하게 된 것이다. 이러한 공부는 배우는 사람들의 꾸준함과 뭉근함이 중요하다.

저마다 자기 안에 발휘되지 않고 잠들어 있는 지능에게 다음과 같이 말하기만 하면 될 것이다. age quod agis, 즉 네가 하는 것을 계속하라. "사실을 배워라, 그것을 따라하라, 네 자신을 알라, 이것이 자연의 진행방식이다." 너에게 네가 가진 힘의 진가를 알아볼 수 있게 해준 우연의 방법을 체계적으로 되풀이하라. 동일한 지능이 인간 정신의 모든 행위에서 작동하고 있으니.

스승이 누구인가보다 배우고자 하는 의지가 중요하다. 알고 싶은 욕구에서 비롯된 적절한 긴장만 있으면 일일이 가르치는 스승이 없어도 혼자 충분히 배울 수 있기 때문이다. 배움에 대한 의지는 누구에게나 있다. 무언가를 배울 때 뛰어나고 지식이 많은 스승이 꼭 필요한 조건은 아니다. 정말 좋은 스승은 가르치는 데서 그치지 않고 배우는 이들이 자신의 능력을 스스로 느끼고 깨닫도록 도와주는 존재이다.

바보 만들기 교육

진짜 가르침은 배우는 자의 자존감을 일으켜 세우고 자기 신뢰를 북돋우는 일이다. 무엇을 가르치고 배우는가는 그 다음 문제이다. 얼마든지 할 수 있다는 자신감을 배우는 일이 진정한 배움이다. 참스승이라면 배우는 사람이 스스로를 해방하도록 온갖 방법을 찾아내야 한다. 이것이 스승의 참된 몫이다.

흔히들 유명한 스승에게 배우려고 한다. 하지만 잘난 스승이 외려 배우는 이들에게 악영향을 끼칠 수도 있다. 지식이 넘치는 스승은 제자들을 바보로 만들기 십상이다. 자신을 해방시킬 힘이 스스로에게 있음을 알려주는 게 좋은 가르침인데, 지식을 전수하려고 안달하는 스승은 끊임없이 제자를 바보로 만든다. 여기서 바보 만들기란 제자들의 이해력이나 탐구심을 떨어뜨린다는 게 아니라, 가르치는 자는 내리 가르치고 배우는 자는 내내 배울 수밖에 없도록 위계 짓는 것을 말한다.

> 유식한 스승은 대답을 알고 있으며, 그의 질문들은 자연스럽게 학생을 그 대답으로 이끈다. 이것이 훌륭한 스승들의 비밀이다. 질문을 통해 그들은 학생의 지능을 조심스럽게 이끈다. 지능이 작동할 수 있을 만큼 조심스럽게, 하지만 지능을 그냥 내버려둘 정도까지는 말고.

누군가 앞에 서서 여러 공식이나 영어, 독일어 등을 섞어가며 칠판을 빽빽하게 메우면 지레 주눅 들게 마련이다. 외우고 알아야만 한다는 압박감에 허겁지겁 필기도 하게 된다. 그런데 여태껏 베껴 적으면서 들었던 강의 가운데 무엇이 기억에 남는가? 우리의 생각과 행동의 밑바탕이 되어준 배움들은 특정한 선생으로부터 전해받은 게 아니다. 교실이나 강의실에서 듣는 내용 자체를 무시할 순 없지만 무엇보다도 그 시간을 통해서 자신의 지능을 계발할 수 있다는 자신감을 얻어야 한다.

차근차근 알기 쉽게 지식을 전달하는 일도 스승의 역할이다. 그럼에도 스승은 지식을 주는 사람이 아니라고 자크 랑시에르는 말한다. 배움은 스승이 주는 지식으로 이뤄지지 않는다는 것이다. 내가 당신보다 아는 게 더 많으니 가르쳐주겠다는 발상 자체가 지식인들의 착각이자 교만이다. 자꾸 설명하려는 사람은 반드시 듣는 이들의 무능력을 필요로 한다. 그러면 가르치는 자와 배우는 자의 불평등은 영영 사라지지 않는다. 밑에 있는 사람은 쭉 밑에 있을 수밖에 없다.

배움에서는 해방이 중요하다. 지식을 주입하는 것보다는 자신감을 배우는 게 중요하다. 자신에 대한 믿음을 갖고 자유로워지는 것이 우선이다. 배울 수 있다는 사실을 배워 자신을 해방시키는 일이 진정한 해방이다.

우리는 모르는 것을 가르칠 수 있다

자신의 힘을 깨달은 사람들, 누구든지 배울 수 있다는 사실을 배운 사람들, 그래서 해방된 사람들은 제자리에 머무르지 않는다. 해방된 자는 해방하는 자가 된다. 배우는 자와 가르치는 자의 서열과 위계가 사라지는 순간이다. 배우는 데 그쳐서는 안 된다. 나아가 가르쳐야

■ 배움은 스승이 주는 지식으로 이뤄지지 않는다. 설명을 들어야 무언가를 이해할 수 있다는 가정은 "설명자들의 세계관이 지어낸 허구"이다. 자꾸 설명하려는 사람은 반드시 듣는 이들의 무능력을 필요로 한다. 그러면 가르치는 자와 배우는 자의 불평등은 영영 사라지지 않는다.

한다. 누구나 배울 수 있고 가르칠 수 있다는 생각이 사회에 번져나가 모두의 상식이 될 때, 진짜 해방 세상이 시작될 것이다.

"우리는 우리가 모르는 것을 가르칠 수 있다." 가난하고 못 배운 아버지와 어머니도 얼마든지 자식들을 지도할 수 있다. 인간의 지능은 평등하기 때문이다.

참고 또 참으면, 견디고 또 견디면 나중에는 좋은 날이 올 거라는 믿음을 랑시에르는 부정한다. 해방과 평등은 저마다가 자신의 힘을 믿으며 스스로를 해방시키고, 그렇게 해방된 사람들이 모여 견고하게 구축된 권력질서를 뒤흔들면서 우월과 열등의 구분 없이 지적 평등을 추구할 때 실현 가능하다.

자크 랑시에르가 19세기로 돌아가 조제프 자코토를 되살린 까닭은 그에게서 '오래된 미래'를 봤기 때문이다. 자코토는 사회의 진보가 평등과 해방으로 이어진다는 믿음에서 벗어났다. 그래서 진보를 마냥 추어올리지 않았다. 스스로를 해방시키지 않고 보이지 않는 누군가의 처분에 자신을 내맡기거나 사회가 흘러가는 대로 따라간다면, 꼭두각시 처지에서 영원히 벗어나지 못한다. 사람들이 저마다 자기 삶의 주인으로서 살아갈 때, 외부의 영향에 휘둘리지 않고 스스로 주체가 되어 살아가는 삶을 자연스럽고 마땅하다고 인식할 때 비로소 해방과 평등의 세상이 찾아올 것이다.

평등은 먼 훗날 이뤄야 하는 목표가 아니라 출발점이다. 모든 사유와 실천은 평등에서 시작해야 한다. 평등을 통해 인간은 차별받지 않고 자신의 잠재성을 계발할 수 있는 기회를 갖는다. 해방을 통해서 평등이 이룩되는 게 아니라 평등이 해방의 조건이 된다.

물론 현실은 불평등하다는 사실을 자크 랑시에르도 안다. 평등을 위한 숱한 노력들이 대부분 실패로 돌아간다는 것도 알고 있다. 그럼에도 평등을 현실에서 입증하자고 일관되게 주장한다. 평등은 언젠가 얻을 '미래'가 아니라 지켜야 할 '전제'이고, 다른 곳이 아닌 오늘 이 자리에서 입증해야 할 고귀한 '가치'이기 때문이다.

평등에 관해서라면 수많은 이론과 사상들이 있으나 자크 랑시에르처럼 시종일관 평등에 대한 굳은 신념을 갖고 글을 쓰는 사람은 드물다. 그를 만나면 진정한 평등, 인간에 대한 희망, 자신에 대한 믿음, 더 나은 세상을 꿈꾸는 의지를 배울 수 있다. 랑시에르의 글이 읽기에 만만치 않아 도중에 책장을 덮고 싶을지도 모른다. 하지만 그때마다 자크 랑시에르와 조제프 자코토의 이러한 격려가 멀리서 들리는 듯하다.

"제 글이 조금 어려울 수도 있지만, 누구든지 꾸준히 읽어나가면 얼마든지 이해할 수 있습니다. 모든 인간의 지능은 평등합니다. 당신 안에 있는 당신의 힘을 믿으세요."

학교 밖에서
공부하라

『학교 없는 사회』_ 이반 일리히

- 이반 일리히Ivan Illich(1926~2002)

1926년 오스트리아 빈에서 태어났다. 어린 시절부터 중부 유럽을 떠돌다가 나치 박해를 피해
이탈리아로 피신한 후, 대학에서 화학·신학·역사학 분야의 학위를 받았다. 1951년 로마에서
사제 서품을 받고, 교황청 국제부직이 예정되었으나 미국으로 건너가 뉴욕 빈민가의 보좌신부
로 가난한 사람들과 함께 살았다. 1956년 서른 살에 푸에르토리코 가톨릭 대학의 부총장이 되
었다. 교회에 대한 비판으로 교황청과 마찰을 빚다가 1969년 스스로 사제직을 버렸다. 1971
년『학교 없는 사회』를 발표한 후『공생을 위한 도구』,『의학의 한계』등으로 현대 문명을 향해
근원적 문제제기를 함으로써 세계적으로 주목받기 시작했다. 사회학·철학·경제학·여성학·종교
학·언어학 등 여러 분야에서 탁월한 업적을 남겼으며, 가장 근원적이기에 가장 급진적인 사상
가로 평가받았다.

학교는 마땅히 가야 하는 곳인가

이반 일리히의 책을 읽다보면 고개가 자꾸 갸우뚱해진다. 인류가 이룩한 근대문명을 통째로 부정하는 주장을 펼치기 때문이다. 자동차 문화에서 벗어나 자전거를 타자, 병원은 병을 만드는 공장이다, 이렇게 외치는 터라 앞뒤 꽉 막힌 반문명주의자와 대면한 느낌이 든다. 모두가 의존하며 사는 것들을 치워버리라는 주장은 아무리 설득력이 있어도 거부감이 생기는 게 사실이다. 우리가 이미 문명의 '서비스'에 너무도 길들여진 탓이다. 그의 얘기를 받아들이면 편의를 누리며 사는 우리의 일상이 흔들린다.

가톨릭 사제였던 이반 일리히는 자신의 사상을 현실의 삶과 세상에 한결같이 적용하고자 애썼던 신학자이자 철학자이다. 비록 세상이 그의 뜻대로 움직이지는 않았지만 이반 일리히의 뚝심은 묵직하게 다가온다. 특히 그의 대표작 『학교 없는 사회Deschooling Society』*는 별다른 문제의식 없이 학교를 다니고 졸업하는 우리에게 제도권 교육에 대해 진지하게 성찰하도록 과제를 안겨준다.

젊은 시절 가톨릭 대학교 부총장을 지낸 이반 일리히는 교육 현장에 오래 몸담았기 때문에 교육의 중요성을 누구보다 잘 알았지만, 교육을 반드시 학교에서 해야 하는 건 아니라고 말한다. 공부는 당연히 학교에서 하는 거라고 믿어온 사람들로서는 의구심을 품을 수밖에 없는 주장이다. 그런데 조금만 생각해보면, 학생들이 모여 공부하는 곳이 학교지만, 학교 다니는 그 자체가 공부는 아니란 것을 알아차릴 수 있다. 우리는 공부와 학교를 혼동하기 쉽다. 학교를 다니는 건 '학교화'일 뿐 공부가 아니다.

> 학교는 그들이 과정과 실체를 혼동하도록 '학교화'한다. 이처럼 과정과 실체가 혼동되면 새로운 논리, 즉 노력하면 노력할수록 더욱더 좋은 결과가 생긴다든가, 단계적으로 올라가면 반드시 성공한다는 식의 논리가 생겨난다. 그런 논리에 의해 '학교화된' 학생들은 수업을 공부라고, 학년 상승을 교육이라고, 졸업장을 능력의 증거라고, 능변을 새로운 것을 말하는 능력이라고 혼동하게 된다.

우리는 사회에 설치된 에스컬레이터를 타고 별 생각 없이 대학까지 올라간다. 남들도 가고 부모와 교사가 가라고 하니까 물결 따라 흘러가듯 대학에 간다. 그런 상태로 대학생이 되니 무슨 공부를 제대로 하겠는가? 입시교육에 찌들고 경쟁을 통해 남을 밟고 올라가는 일에 익숙해진 우리는 그저 학점 관리 잘 하다가 졸업해서 좋은 회사에 들어가거나 전문직 자격증을 따는 데 골똘한다. 대학은 공부를 하는 곳이 아니다. 성공을 향한 하나의 단계일 뿐이다. 그래서 무엇을 얼마나 공부했는지가 아니라 어느 대학을 나왔는지가 중요하다. 사람들은 졸업장이 자신의 능력인 줄 착각한다.

우리는 공부하려고 대학에 가는 게 아니다. 어딘가에 소속되기를 바라고, 대학 간판을 놓고 벌이는 경쟁을 거쳐 점수에 맞춰 대학으로 휩쓸려 들어간다. 그리고 세상에서 할 수 있는 모든 걸 다 해보겠다고 소리치며 이곳저곳을 쏘다닌다. 하지만 뒤돌아보면, 제도권이 닦아놓은 넓고 큰 길에서 왔다 갔다 하다가 이따금 비제도권의 언저리를 두리번거렸을 뿐이다. 그런 만큼 스무 살의 우리는 주체적이지 못하고 무기력했다.

아무리 교육을 받아도 정신은 성장하지 않고 개성도 없다. 대학에서조차 입시교육을 받듯 누군가 정해놓은 걸 외우고 따라하면서 수업을 듣고 책을 편다. 이반 일리히는 이것을 '일종의 정신적 자살'로 규정한다. 학교는 학생들이 고유한 사람으로서 자기 삶을 책임지고 스스로 성장해가는 것을 포기하도록 만든다고 보기 때문이다.

> 타인에 의해 제조된 인간성숙에 대한 수요는, 제조된 상품에 대한 수요보다도 자발적인 활동 의욕을 더욱더 상실하게 만든다. 학교는 고속도로나 자동차보다도 더 오른쪽에 있을 뿐만 아니라, 총체적 보호수용자가 있는 제도 스펙트럼의 극단에 가깝다. 심지어 무기 제조업자들도 육체만을 죽인다. 반면 학교는 사람들에게 그 고

유한 성장에 대한 책임을 포기하게 하여 많은 사람들을 일종의 정신적 자살로 이끌고 있다.

우리는 아프면 병원에 가고, 공부를 하려고 학교에 가고, 이동하고 싶을 때 차를 탄다. 몸소 뭔가를 하기보다는 돈을 치르고 누군가 대신 해주는 걸 받고, 그걸 당연하게 여긴다. 궁금한 것들을 스스로 뒤지고 찾아서 책을 읽기보다는 교수들이 지정해주는 책을 읽고, 서점의 베스트셀러 목록에 의지한다.

공부는 학교에서만 이뤄진다는 생각은 착각이다. 학교를 다닌다는 것은 단지 가방끈이 길어진다는 의미에 지나지 않는다. 이반 일리히는 "사람들은 그 지식의 대부분을 학교 밖에서 얻는다"고 말한다.

우리가 아는 거의 모든 것들은 학교 밖에서 배운 것들이다. 학생은 교사 없이, 가끔은 교사가 있음에도 불구하고 그 모든 것을 배운다. 가장 비극적인 점은, 대다수 사람들이 전혀 학교에 '가지' 않음에도, 학교가 가르치는 것을 배운다는 사실이다. 누구나 어떻게 살아야 하는지를 학교 밖에서 배운다. 우리는 교사의 개입 없이 말하고, 생각하고, 사랑하고, 느끼고, 놀고, 저주하고, 정치하고, 일하는 것을 배운다.

— 1911년에 개교한 미국의 근대학교 학생들.
저명한 문명사학자 윌 듀런트(맨 뒷줄 왼쪽)가 교장으로 재직
하던 당시의 모습이다. 20세기 초 미국에 등장한 근대학교들은
대부분 낮에는 아이들을, 저녁에는 어른들을 위한 수업을 진행
했다. 현대의 학교와는 달리 노동자층 교육에 힘을 쏟았고, 아
나키스트, 사회주의자, 노동운동가 등을 상당수 배출했다.

기회 배분을 독점하는 교육기관

학교를 거쳐야만 사회의 자원을 배분받을 수 있는 세상이다. 대학은 사람에 대한 차별을 합법화하고 합리화하는 구실을 한다. 인재를 기르는 게 아니라 인재인지 아닌지를 가르는 잣대가 대학이다. 대학 간판이 사람의 가치와 능력을 담보해준다. 십대들의 삶이 죽고 싶을 만큼 고달픈데도 부모들이 밀어붙여 유명 대학에 들여보내려는 이유이다. 더 멋지고 행복한 사람이 되기 위해서가 아니라 소위 명문 대학에 들어가야 출셋길이 열리기 때문이다.

학교는 기회의 평등을 제공하기보다는 기회의 배분을 독점하는 기관이다. 학교에 가지 않으면 기회가 주어지지 않는다. 대학을 나오지 않으면 '천민' 취급을 받는다는 공포는 지나치게 높은 대학 진학률을 낳았다. 한국 사회에서 '고졸 출신'은 출세는커녕 작은 기회마저 잡기 어려운 실정이다.

그래서 수많은 부모들이 어려운 형편을 무릅써가며 아득바득 자식을 대학에 보낸다. 대학 교육을 받아 지성인이 되라는 부모의 갸륵한 뜻일 수도 있지만, 너는 나처럼 무시당하지 말라는 '못 배운' 부모들의 한이기도 하다. 그러나 오랫동안 학교에 다니려면 경제적 뒷받침이 따라야 하므로 웬만한 집들은 버티기 힘들다. 교육의 평등 기회는 요원하다.

대학에 가야만 배운다는 근거 없는 믿음은 대학에 들어가지 않은 사람에게도 깊이 심어져 있다. 모두가 '학교화'된 탓에 학교로부터 멀어질수록, 대학을 다니지 않을수록 열등감에 시달린다. 이것은 이중의 구속이다. 학교에 다녀도, 학교에 다니지 않아도 우리는 자유롭지 못하다. 학교는 어느덧 맹목적인 신앙의 대상이 되어버렸다.

> 장기적 학교교육을 받을 가능성이 있는 자들은 극히 제한된 소수에 불과하다. 그럼에도 이런 나라들에서는 대다수 사람들이 이미 학교화돼 있다. 즉 자기들보다 더 많은 학교교육을 받은 사람들에 대해 열등감을 느낄 정도로 학교화돼 있다. 그들은 학교에 대한 열광적인 신앙을 갖기 때문에 이중적으로 착취당할 수 있다. 그것은 교육에 대한 공공자금을 소수에게 더욱더 많이 분배하게 하고, 대다수 사람들에게는 사회통제를 더욱더 많이 받아들이게 할 수 있다.

'학교화'된 대다수 사람들은 사회권력이 짜놓은 틀에 맞춰 사는 데 익숙하다. 그래서 자기가 하고 싶은 걸 알아내거나 스스로 공부하기가 갈수록 어려워지고 사회통제를 더 잘 받아들이게 된다. 우리는 수업 시간에 배운 공부만 의미가 있고, 공부의 가치는 투자한 시간에 비례하며, 이 모든 가치는 성적과 졸업장으로 측정되고 문서화된다고 배운다.

대학까지 마쳤음에도 불구하고 자기 삶을 주도해서 사는 개성 있는 사람을 만나기란 쉽지 않다. 더없이 유연하고 어디로 튈지 모를 만큼 생명력이 넘치던 아이들이 안타깝게도 긴 학교 과정을 거치는 동안 결국에는 기업에서 손쉽게 부려먹을 수 있는 직장인으로 짜맞

쳐지고 만다.

참여가 곧 공부다

이반 일리히는 '학교화'에서 벗어나자고, 공부는 학교에서 수업받는 것으로만 이뤄지지 않는다고, 학교 없는 사회를 꿈꾸자고 목소리를 높인다. 물론 우리는 학교에서도 배운다. 다만 그렇게 오랫동안 학교를 다녔지만 무엇을 배웠는지 도무지 가뭇할 뿐이니 문제이다. 수많은 교사와 교수들의 수업을 들었지만 황홀하게 눈 뜨고 가슴 뛴 기억은 별로 없다. 되레 학교 밖의 어느 모임에서 사람들과 어울리며 함께할 때, 도서관에서 낯설고 새로운 책을 읽을 때 우리의 마음과 생각은 성장한다.

이반 일리히는 '참여가 곧 공부'라고 말한다. 학교를 다녀야만 성장하는 게 아니다. 오히려 학교 밖에서 여러 사람들을 만나고 대화하고 몸을 움직여 뭔가를 도모할 때 진짜 공부가 시작된다.

사실 공부는 타인에 의해 조작될 필요가 거의 없는 인간 활동이다. 모든 공부는 수업의 결과가 아니다. 도리어 그것은 타인의 개입 없이 의미 있는 상황에 참여한 결과이다. 대부분의 사람들은 '참여'할 때 가장 공부를 잘한다. 그러나 학교는 개인의 인격이나 인식능력의 향상이 학교의 정교한 계획과 조작과 같은 것으로 믿게 한다.

그렇다면 학교 없이 어떻게 교육과 학습이 이뤄질 수 있을까? 이반 일리히는 학교를 없애는 대신 "자신이 현재 관심 갖는 일을 타인과 공유할 수 있는 기회를 각자에게 부여한 네트워크나 서비스"를 제안한다. 학교의 대안으로 사람들이 "언제든지 최소한의 비용으로" 각자가 원하는 모임에 참여하고 공부하며 소통할 수 있도록 사회관계망을 만들자는 것이다. 사람들 속에서, 사람들과 함께 공부하기! 수많은 카페나 열린 공간에서 뭇사람들이 모여 저마다의 주제를 두고 전문가들과 함께 서로 배우는 모임 말이다.

누구든지 가르칠 수 있고, 얼마든지 배울 수 있는 사회를 이반 일리히는 상상한다. 학생과 스승의 관계가 모임에 따라 엎치락뒤치락 뒤섞이는 사회, 학교교육이 '의무'로 강제되는 게 아니라 사람들이 스스로 모여 '권리'로서 배우는 사회를 제시한다.

그런데 모든 사람들이 스스로 알아서 공부할 수 있을까? 물론 미심쩍을 수 있다. 의무적으로라도 학교교육을 받아야 어느 정도의 '도덕성'이나 '상식'이 사회 전반에 걸쳐 공유되고 유지되는 건 아닐까? 자율사회를 꿈꾸며 저마다 하고 싶은 분야를 선택해서 공부한다는 게 뜬구름 잡는 탁상공론은 아닐까? 강제성이 없어도 알아서 공부하며 배우는 사람도 있지만, 각자에게 맡길 경우 공부와는 담 쌓은 채 인생을 마감하는 사람도 있을 것이다. 무지한 탓에 뒤틀린 시선으로 세상을 보고 타인에게 피해를 주는 사람들도 적잖을 것이다.

그럼에도 스스로 자기 삶을 꾸려갈 뜻이 있는 사람들에게 이반 일리히의 글은 용기를 준다. 공부는 학교에서만 하는 게 아니라고, 평생 자신의 호기심을 쫓으며 공부하라고, 책을 읽고 세상 속으로 참여하라고, 자격증이나 졸업장이 당신의 가치는 아니라고, 학교 밖으로 나가 도전하라고 부단히 자극한다.

삶을
사랑하라, 창조하라,
긍정하라

『차라투스트라는 이렇게 말했다』_ 프리드리히 니체

• 프리드리히 니체Friedrich Nietzsche(1844~1900)

1844년 독일에서 태어났으며, 본과 라이프치히 두 대학에서 문헌학을 연구했다. 그리스 정신에 매혹되었으며, 쇼펜하우어의 '의지의 철학'에 감화를 받았고, 바그너에 심취했다. 『비극의 탄생』에서 생의 환희와 염세, 긍정과 부정 등을 예술적 형이상학으로 고찰했으며, 『반시대적 고찰』에서는 유럽 문화에 대한 회의를 표명하고, 위대한 창조자인 천재를 문화의 이상으로 설정했다. 그의 사유는 『인간적인, 너무나 인간적인』에서 더 한층 명백해져 새로운 이상에의 가치 전환을 시도하기에 이른다. 이후 『차라투스트라는 이렇게 말했다』에서 '신은 죽었다'라고 선언함으로써 지상에서의 삶의 의의를 말하고, 영원회귀 사상과 초인의 이상을 설파하였다. 이 외에 『선악의 피안』, 『도덕의 계보학』를 출판했고, 이어 『권력에의 의지』를 오랫동안 준비했으나 정신이상 증세로 완성하지 못했다. 허무주의·실존주의의 선구자인 니체의 권력의지 사상은 근대 정신의 본질을 단적으로 상징하며, 후세 사상에 커다란 영향을 미쳤다.

신의 죽음을 딛고 우뚝 선 초인

프리드리히 니체만큼 뜨거운 영혼은 흔치 않다. 웬만한 책을 읽다 보면 밤하늘의 별처럼 니체의 이름이 이곳저곳에서 반짝인다. 그는 이전까지의 철학자와 전혀 다르다. 그야말로 범상치 않은 정신이다. 그가 남긴 저작들은 철학사에 발자취를 뚜렷이 남기며 오늘날까지 엄청난 영향을 끼치고 있다.

니체의 책을 읽기 전과 읽은 후의 나는 도저히 같은 사람일 수가 없다. 그만큼 니체는 강렬하다. 특히 『차라투스트라는 이렇게 말했다Also sprach Zarathustra』*를 읽으면 머릿속에서 용암이 부글부글 끓어오른다.

니체는 차라투스트라를 주인공 삼아 문학의 형식으로 철학을 표현한다. 속세에서 벗어나 산으로 올라가 홀로 고독을 즐기던 차라투스트라는 어느날 자신의 지혜를 세상과 나누고 싶어졌다. 차라투스트라는 '몰락'하고자 10년 만에 산에서 내려와 사람들을 만나 이야기를 나눈다. 그리고 한탄한다. 아직 그들은 신이 죽었다는 소식을 모르고 있었기 때문이다.

> 홀로 남게 되자 차라투스트라는 마음속으로 말했다. '어찌 이런 일이 있을 수 있단 말인가! 저 늙은 성자는 숲속에 살고 있어서 신이 죽었다는 소문을 듣지 못했다는 말인가!'

"신은 죽었다." 니체 하면 떠오르는 유명한 말이다. 중세 유럽인들은 저 하늘에서 신이 인간 세상을 굽어보고 있으며 사람이 죽으면 신의 심판을 받는다고 믿었다. 그러다가 과학과 이성이 발달하면서 신에 대한 믿음이 무너지기 시작했다. 르네상스를 거치면서 사람들은 종교의 울타리에서 빠져나왔다. 과학과 학문의 진보에 힘입어 계몽된 유럽인들은 종교개혁과 종교전쟁을 치르면서 기독교의 신을 불신하기에 이르렀다. 이러한 시대의 흐름 속에서 니체는 "신은 죽었다"고 선언한다.

사실 신의 죽음은 『차라투스트라는 이렇게 말했다』보다 앞선 작품에서 언급되었다. 『인간적인 너무나 인간적인』에서 니체는 간수에 빗대어 신의 죽음을 얘기한다. 인간을 감시하던 간수가 죽자 간수의 아들에 대한 믿음마저 사라진다. 간수의 아들이 자기를 믿어야 구원을 받는다고 소리쳐도 사람들은 콧방귀를 뀌며 외면한다. 오랜 세월 인간이 믿었던 신은 인간을 노려보고 벌 주는 간수에 지나지 않았는데, 드디어 사람들은 '그런 신은 없다'는 걸 깨닫는다.

그동안 인간은 현재 여기의 세계가 아닌 영원한 초월의 세계를 그리워했다. 곁에 있는 인간을 믿기보다는 눈에 보이지 않는 하늘나라의 신을 믿었다. 죽음 이후를 걱정하면서 지상의 욕망을 천상에 투사하여 신을 만들어놓고 기대려 했다. 현실은 어둡고 삶은 번민의 연속이었다. 그러나 지금 이곳에서 스스로 해방하지 않고서는 결코 행복할 수 없다. 우리 자신의 힘으로 허리를 곧추 세워 걷지 않으면 의지하려는 약한 마음에 사로잡히게 된다.

목사의 아들로 태어난 니체에게도 기독교의 그림자는 짙게 드리워져 있었다. 기독교의 그늘에 숨막혀 하던 그는 『차라투스트라는 이렇게 말했다』라는 '제5의 복음'을 쓰면서 신의 자장에서 훌훌 벗어났다. 그리고 수많은 사람들이 니체를 뒤따라 기독교를 넘어섰다.

기둥이 흔들리면 건물이 위태롭다. 신에 대한 믿음이 사라지자 사람들은 불안해한다. 『차라투스트라는 이렇게 말했다』에 등장하는 '나귀 축제'는 그러한 불안의 증거이다. 나귀라도 상관 없었다. 사람들은 무엇이든 의지하고 믿을 게 필요했다. 신이든 나귀든 믿으면 잠깐이라도 위안을 받을 수 있었다.

이런 데퉁맞은 짓을 멈추게 하고자 니체는 '초인'을 가르친다. 지난날 불안에 떨며 신에게 의존하고 어리석게 생각하고 행동했던 '인간'을 우리는 극복해야 하기 때문이다.

나 너희들에게 초인을 가르치노라. 사람은 극복되어야 할 그 무엇이다. 너희들은 너희 자신을 극복하기 위해 무엇을 했는가?

■ 니체가 세상을 떠날 때까지 매해 여름을 보냈던 알프스 산맥의 질스마리아. 니체는 이곳에 머무는 동안 하루 여덟 시간씩 산책을 했다. 걸으면서 신과 초인과 영원회귀에 대해 스스로도 놀랄 만한 사유를 했고, 『차라투스트라는 이렇게 말했다』를 구상하기도 했다.

지금까지 존재해온 모든 것들은 그들 자신을 뛰어넘어 그들 이상의 것을 창조해왔다. 그런데도 너희들은 이 거대한 밀물을 맞이하여 썰물이 되기를 원하며 자신을 극복하기보다는 오히려 짐승으로 되돌아가려 하는가?

사람에게 있어 원숭이는 무엇인가? 일종의 웃음거리 아니면 일종의 견디기 힘든 부끄러움이 아닌가. 초인에게는 사람이 그렇다. 일종의 웃음거리 아니면 일종의 견디기 힘든 부끄러움일 뿐이다.

　니체가 다윈의 진화론에 꽤 영향을 받았음이 드러나는 대목이다. 유인원의 한 종에서 진화해온 인간은 유인원으로 돌아가려 하지 않는다. 지금의 인간 또한 고정된 실체가 아니라 넘어서야 하는 '과정의 존재'라고 니체는 주장한다. 그래서 인간이기에 어쩔 수 없이 이러저러해야 한다는 당위를 극복하자고 권한다. 스스로 틀을 만들고 한계 지었던 인간에 대한 관념을 깨뜨려야 한다는 것이다. 인간은 진화하고 변화하는 존재이기 때문이다.

　초인은 인간의 한계를 훌쩍 넘어선 슈퍼맨이 아니다. 현실을 아랑곳하지 않는 몽상가도 물론 아니다. 헛된 환상에서 벗어나 현재에 뿌리를 내리고 순간순간에 최선을 다하는 사람이다. 먼 미래나 죽은 뒤를 걱정하는 존재가 아니라 지금 내가 발 딛고 서 있는 대지에 충실한 존재가 초인이다. 사후에 대한 걱정은 언제나 지금 여기의 삶이 불행할 때 나타나는 증상이다.

영원회귀하는 존재의 수레바퀴

차라투스트라가 초인을 가르치는 까닭은 인간의 삶이 우울하기 때문이다. 사람들은 대부분 자신이 진정 바라는 일이 무엇인지 모른 채 살아간다. 내면의 창조성을 발현하는 삶을 꿈꾸지도 않는다. 설령 원하는 삶을 가슴에 품고 있더라도 용기 내어 펼치지 못한다. 차라투스트라는 사람들의 창조성을 옭아매는 정신의 올무를 풀어주고자 낙타에서 사자로, 그리고 끝내 아기로 정신이 변화해가는 이야기를 들려준다.

우리는 사는 동안 낙타를 닮아간다. 아니 낙타가 되어버린다. 하기 싫어도 밖으로 표현하지 못하고 낙타처럼 끙끙댄다. 그러다가 '정신승리법'을 되뇐다. 채찍을 맞아가며 어쩔 수 없이 하면서도 마치 자신이 원해서 하는 줄 착각하는 것이다. 원치 않는 짐을 잔뜩 싣고 헉헉대면서 대단한 일을 하는 것마냥 스스로를 위로한다.

낙타처럼 살다보면 우리의 삶은 황무지가 된다. 사막 같은 메마른 삶을 힘겹게 살아갈 뿐이다. 낙타에서 사자로 변신해야 한다. 사자는 "나를 노예처럼 부리지 말라"며 맞선다. 사자의 정신이 없으면 우리에게 가해지는 폭력과 압제로부터 벗어날 수 없다. 사자는 저항의 정신이다.

하지만 사자의 삶에만 머물러서는 진정으로 자유롭고 행복하기 어렵다. 순진무구한 아기가 되어야 한다. 긍정의 정신으로 탈바꿈해야 한다. 그럴 때라야 비로소 갇힌 세계에서 벗어나 진정한 자신의 세계를 되찾을 수 있다.

> 그러나 말해보라, 형제들이여. 사자조차 할 수 없는 일을 어떻게 어린아이는 해낼 수 있는가? 왜 강탈을 일삼는 사자는 이제 어린아이가 되어야 하는가?
> 어린아이는 순진무구요 망각이며, 새로운 시작, 놀이, 스스로의 힘에 의해 돌아가는 바퀴이며, 최초의 운동이자 거룩한 긍정이다.
> 그렇다. 형제들이여, 창조의 놀이를 위해서는 거룩한 긍정이 필요하다. 정신은 이제 자기 자신의 의지를 원하며, 세계를 상실한 자는 자신의 세계를 획득하게 된다.

아기는 그저 지금 살아 있음을 즐기고, 놀이처럼 이 순간을 산다. 초인도 아기와 비슷하다. 니체는 차라투스트라의 입을 빌려 말한다. 온갖 두려움과 불안으로부터 벗어나 진정 자신이 바라는 대로 살면서 삶을 긍정하라!

괴로운데도 긍정하는 건 진짜 긍정이 아니다. 고통 속에서 마지못
해 받아들이는 건 낙타의 긍정이다. 아기의 긍정이 필요하다. 낙타는
인생을 너무 무겁게 생각한다. 자기 삶에 지나친 의미를 부여한다.
미래를 어둡게 내다본다. 어떤 목적을 위해 삶을 희생한다. 그러나
그렇게 살아야 하는 숙명은 없다. 누구도 운명을 타고 나지 않았다.
사실 삶이란 우연이다. 우리는 '우연하게' 태어나서 살고 있다.

"모든 사물 위에 우연이라는 하늘, 천진난만이라는 하늘, 뜻밖이라
는 하늘, 자유분방이라는 하늘이 펼쳐져 있다." 내가 이렇게 가르
친다면 그것은 축복일망정 모독은 아니다. "뜻밖에." 이것이야말로
세상에서 더할 나위 없이 유서 깊은 귀족이다. 그것을 나 모든 사물
에게 되돌려주었다. 그렇게 하여 나 모든 사물을 목적이라는 것의
예속 상태에서 구제해준 것이다.

니체의 말에 따르면, 세상만물은 우연이다. 억겁의 시간 속에서 한
낱 티끌에 불과한 나라는 존재 또한 우연의 산물이다. 어떤 거창한
목적이나 의미를 찾아야 한다는 무거운 강박관념에서 벗어나야 한
다. 그것은 우리를 옭아매고 우울하게 만든다. 헛된 목적에 매달리면
노예상태에서 벗어날 수 없다. 삶이 보다 가벼워지려면 우연을 긍정
해야 한다. 니체는 인간의 머릿속에 납처럼 무겁게 박힌 목적의식을
빼내려고 노력했다.

그래서 나온 것이 영원회귀 사상이다. 니체의 앞선 책『즐거운 학문』에 이미 나타난 영원회귀는 모든 것이 영원히 되돌아온다는 사상이다. 이 순간이 수천억 년 전에 이미 똑같이 존재했다고 가정해보자. 그리고 수조 년 뒤에 지금과 같은 상황이 거푸 반복된다고 상상해보자. 억겁의 시간이 이어지는 동안 모든 것은 순환된다. 세상 만물은 끝없이 생겨나고 다시 사라진다. 그렇게 "존재의 수레바퀴는 영원히 돌고 돈다." 영원의 무한 반복, 이것이 영원회귀이다.

영원회귀를 깨달을 때 삶의 무게는 덜어진다. 내가 세상의 중심이라는 착각에서 벗어난다. "중심은 어디에나 있다." 내가 가늠할 수 없는 어마어마한 세월이 흘러가고 끝없이 세상은 반복된다. 그렇다고 허무한 것은 아니다. 오히려 삶을 더 잘 살게 된다. 왜냐하면 삶은 무한히 반복될 테고, 지금 즐거운 삶을 살아야 억겁의 시간 뒤에 반복되는 삶 또한 즐거울 수 있기 때문이다.

삶이여, 좋다! 다시 한 번!

우리 인생을 되돌아보자. 여태껏 살아온 과정을 똑같이 '다시 한 번' 살아야 한다면 기쁘게 받아들일 수 있을까? 그동안 만났던 사람을 또 만나고, 내가 했던 행동을 또 해야 할 때, 나는 정녕 기꺼이 "다시 한 번"이라고 외칠 수 있을까?

모든 것이 영원회귀하듯 내 행동도 영겁회귀한다. 지금 낙타처럼 굴면 영원히 낙타처럼 살게 된다. 그러니 이 순간 정말 바라는 삶을 살아야 한다. 스스로 긍정할 수 있는 삶을 살아야 한다. 지금처럼 다시 살기를 바랄 때, 모든 사물이 춤추며 웃음꽃이 터져 나온다.

> 차라투스트라여, 우리들처럼 생각하는 자들에게는 만물이 제 스스로 춤을 춘다. 다가와 손을 내밀고는 웃고 달아난다. 그러고는 다시 돌아온다.
> 모든 것은 가며, 모든 것은 되돌아온다. 존재의 수레바퀴는 영원히 돌고 돈다. 모든 것은 시들어가며, 모든 것은 다시 피어난다. 존재의 해[年]는 영원히 흐른다.
> 모든 것은 부러지며, 모든 것은 다시 이어진다. 똑같은 존재의 집이 영원히 지어진다. 모든 것은 헤어지며, 모든 것은 다시 만나 인사를 나눈다. 존재의 수레바퀴는 이렇듯 영원히 자신에게 신실하다.
> 매 순간 존재는 시작된다. 모든 여기를 중심으로 저기라는 공이 굴러간다. 중심은 어디에나 있다. 영원이라는 오솔길은 굽어 있다.

니체는 쇼펜하우어와 비슷한 문제의식에서 철학을 시작했다. 의지에 대한 개념과 영원회귀 사상은 쇼펜하우어의 『의지와 표상으로서의 세계』에 이미 소개되어 있다. 하지만 니체는 쇼펜하우어와는 전혀 딴판으로 자신의 사상을 열어 젖혔다. 세상을 알아갈수록 쌓이는 분노와 환멸, 냉소와 우울에서 벗어나도록 도와준다. 니체는 즐겁다. 세상을 살아가는 동안 시도 때도 없이 찾아드는 경직된 진지함이 우리를 침울하게 만들 때, 니체는 가벼운 날개처럼 다가온다. 니체라는 날개를 삶의 어깨에 붙이면, 자신을 긍정하면서 좀 더 사뿐히 인생을 살아갈 수 있다.

그러나 니체 또한 우리가 건너야 하는 징검다리일 뿐이다. 니체에 머물러서는 안 된다. 니체를 붙잡고 너무 즐거워해도, 부담스럽다며 도망가서도 안 된다. 니체의 위대함은 그가 다리일 뿐 목적이 아니라는 데에 있다. 그의 말처럼 니체 또한 건너가는 존재이며 몰락하는 존재이다. 우리는 니체라는 밧줄을 잡고 인생의 강을 넘어가야 한다.

> 사람은 짐승과 초인 사이를 잇는 밧줄, 심연 위에 걸쳐 있는 하나의 밧줄이다. 저편으로 건너가는 것도 위험하고 건너가는 과정, 뒤돌아보는 것, 벌벌 떨고 있는 것도 위험하며 멈춰서 있는 것도 위험하다. 사람에게 위대한 것이 있다면, 그것은 그가 목적이 아니라 하나의 교량이라는 것이다. 사람에게 사랑받아 마땅한 것이 있다면, 그것은 그가 하나의 과정이요, 몰락이라는 것이다.

지금의 나를 해체하고 몰락시키는 일은 만만치 않다. 하지만 그렇게 할 때 인간은 사랑스럽고 위대한 존재가 된다고 니체는 말한다. 세상이 시키는 대로 살아도 괴롭고, 세상을 저주하며 살아도 고통스러웠다면, 이제 그동안의 나를 몰락시키고 진정 자신이 원하는 삶을 살아야 한다.

두려울 수 있다. 삶이 바뀌는 건 두려운 일이다. 우리 안의 보수성은 어제처럼 살라고, 새로운 일을 피하라고 나를 회유한다. 그렇지 않으면 인생을 망칠 수 있다고 겁준다. 그래서 니체는 용기를 중요하게 강조한다. 용기를 내야만 긍정의 삶을 창조할 수 있다. 긍정할 만한 삶을 창조한 사람만이 현재가 다시 반복될 때 자신을 동정하지 않고 기꺼이 긍정할 수 있다. 그때가 되면 우리는 시원하게 외칠 수 있다. "삶이여, 좋다! 다시 한 번!"

용기는 더없이 뛰어난 살해자이다. 그것은 연민의 정까지도 없애준다. 연민의 정이야말로 깊은 심연이 아닌가. 생을 그토록 깊이 들여다보면, 고뇌까지도 그만큼 깊이 들여다보게 마련이었다.
용기는 더없이 뛰어난 살해자이다. 공격적인 용기는, "그것이 생이었던가? 좋다! 그렇다면 다시 한 번!" 이렇게 말함으로써 용기는 죽음까지 살해한다.

환영에 맞서
진리를 붙들어라

『윤리학』_ 알랭 바디우

알랭 바디우 Alain Badiou(1937~)

현재 가장 많이, 가장 중요하게 거론되는 사상가 중 한 사람으로 정치활동가이자 철학자, 수학자, 소설가이다. 모로코에서 태어났으며, 파리고등사범학교 출신으로 젊은 시절에는 사르트르주의자였다. 1988년『존재와 사건』을 출판해 철학의 새로운 가능성을 타진하고 그 틀 안에서 새로운 정치적 전망을 열었다. 2000년 이후 중요한 정치 사안에 참여해 신자유주의 정치를 신랄하게 비판해왔다. 1985년에 '정치 조직'을 설립하는 등 '당 없는 정치'라는 슬로건으로 의회 민주주의에 대한 근본적 비판을 이어오고 있다. 파리8대학 교수, 파리고등사범학교 교수로 활동했다. 현재는 스위스 자스페에 위치한 유럽대학원의 르네 데카르트 석좌교수로 있고, 파리에 있는 에콜 노르말 쉬페리외르에서 철학 단과대를 이끌고 있다. 지은 책으로『철학을 위한 선언』,『조건들』,『윤리학』,『사도 바울』,『세기』,『사랑 예찬』,『플라톤의 국가』 등이 있다.

선을 실천하는 윤리

얽히고설킨 세상살이에서 우리는 알게 모르게 서로 영향을 주고받는다. 누군가에게 고마운 도움을 받기도 하지만 상처를 입기도 하고, 나 또한 다른 사람에게 피해와 고통을 주기도 한다. 이처럼 타인과 부대낄 때마다 어떻게 살아야 하는지 고민에 빠진다. 이 고민의 다발들이 윤리학이다.

윤리는 인간다운 삶을 바라는 사람이라면 반드시 한 번쯤 생각해봐야 할 과제이다. 인간이 인간에게 도저히 저지를 수 없을 것 같은 끔찍한 사건이 수시로 벌어지는 현실에서 우리는 타인과 어떻게 관계를 맺으며 살아갈 것인가의 문제, 즉 '나의 윤리'를 확립할 필요가 있다. 윤리의 등대로 험난한 삶의 항로를 불 밝혀야 한다.

오랜 학교교육을 통해 우리는 나름대로 도덕과 윤리를 공부해왔다. 다름이 틀린 것은 아니라는 정도는 상식처럼 알고 있다. 물론 차이를 인정하고 배려하는 기본조차 지켜지지 않아 사회문제가 끝없이 생기지만 말이다.

그런데 프랑스 현대철학계의 큰별 알랭 바디우는 1993년에 출판한 『윤리학L'Ethique』*에서 다름을 견디고 받아들이는 우리의 자세가 사실은 알량하고 얄팍한 수준이라며 돌직구를 던진다. 우리가 배려하는 타자는 진정한 타자가 아니고, 우리가 인정하는 차이는 진짜 차이가 아니라는 것이다.

우리의 관용은 언제나 내 삶과 사회를 동요시키지 않는 선에서만 가능하다. 너무 격심하게 차이가 나는 타자, 우리가 믿어오던 동일성을 무너뜨리는 타자는 세차게 거부하고 밀어낸다. 관용은 관용할 만한 대상에게만 작동한다. 타자는 좋은 타자일 때만 인정받는다. 알고 보면 관용은 관용이 아니고, 타자는 동일자the identity인 셈이다.

> 우리에게 최초의 의심이 들기 시작하는 것은 윤리와 '차이의 권리'를 주장하는 공인된 사도使徒들이 어느 정도 뚜렷한 모든 차이에 겁먹고 있다는 것이 눈에 띌 때이다. 왜냐하면 그들에게 아프리카의 풍속이란 야만적인 것이고, 이슬람교도들은 소름이 끼치며, 중국인들은 전체주의자이기 때문이다. 이러한 예들은 줄을 잇는다. 사실상 그 유명한 '타자'란 오직 그가 좋은 타자일 때에만 제시될 수 있는 것이다. 좋은 타자란 누구인가? 바로 우리와 동일자가 아닌가?

우리의 믿음 체계를 뒤흔드는 진짜 타자가 나타나면 타자를 배려하겠다는 나의 윤리는 맥없이 허물어져 내린다. 그리고 타자와 다투

— 1792년 어느 날, 구교 세력이 강했던 프랑스 남부 지방에서 신교
도로 살던 장 칼라스의 아들이 종교 문제로 변호사의 꿈이 좌
절되자 집에서 자살했다. 얼마 후 장 칼라스는 구교로 개종하
려는 아들을 살해했다는 혐의로 재판에서 사형을 선고받고, 거
열형에 처해졌다(위 그림). 종교의 광신이 무고한 사람을 죽음
으로 몰고간 이 사건은 철학자 볼테르가 『관용론』을 집필하는
계기가 되었다.

고 드잡이하거나 멀리하며 백안시한다.

알랭 바디우는 윤리를 새롭게 정립한다. 여태껏 우리는 남에게 피해를 주지 않는 몸가짐, 착한 마음씨, 상대의 권리를 인정하고 존중하는 것 등을 윤리라고 배워왔다. 그런데 바디우는 윤리가 피해자의 시점에서 악에 맞서 방어하는 자세로 정의되었음을 지적한다. 우리가 생각해왔던 윤리가 '행위'를 위한 게 아니라 무언가를 하지 말라는 금지에 가깝기 때문이다. 윤리는 선을 이루는 몸짓이라기보다는 인간을 피해자로 간주한 뒤 피해자를 도와주거나 피해를 가한 악에 맞서는 '사후 약방문'처럼 여겨진다는 것이다.

우리의 윤리는 나약하고 허무하다. 악을 막고자 윤리가 있다. 선을 실현하려는 의지나 행위 이전에 악이 먼저 있다. 악에 종속된 꼴이다. 그래서 피해가 생길 때마다 뒤늦게서야 부랴부랴 손질하고 조치하는 바람에 고통이 되풀이되는 모습을 지켜볼 수밖에 없다.

피해자의 윤리는 세상을 변화시켜 더 나은 사회로 바꾸려는 의지가 사라진 뒤에 생기는 '징후'라고 알랭 바디우는 진단한다. 피해를 회복하는 수준을 넘어서 선을 열망하며 적극 실천하는 것이 윤리인 것이다.

선을 모색하지 않는 윤리는 허울뿐인 자기만족에 불과하다. 사회 문제가 발생했을 때 나 몰라라 하기보다는 눈길이라도 주는 게 낫겠지만, 이처럼 부조리가 난무하고 착취당하는 사람들이 셀 수 없이 많은 상황에서는 그것마저 어설픈 자위에 지나지 않는다.

얼마간 기부를 하는 윤리의식 속에는 도움받는 사람보다 자기가 더 우월하다는 속마음이 숨어 있으며, 심지어 열등한 존재들에 대한 무시나 경멸마저 도사리고 있다고 바디우는 지적한다. 알랭 바디우 철학에서는 도움을 주는 사람과 받는 사람이라는 구도 자체를 깨뜨려야 비로소 윤리가 될 수 있다. 중요한 것은 잘 사는 것이 아니라 인간답게 사는 것이다. 그는 불가능하다고 여겨왔던 것들을 가능하게 하는 행동을 진정한 윤리로 정의한다.

> 우리가 허무주의를 벗어날 수 있는 길은 보수주의에 의해 불가능하다고 선포된 것을 열망한다고 선언하면서이고, '무無'를 욕망하는 것에 대항하여 진리들을 긍정하면서이다. 모든 사랑의 만남, 모든 과학적 재정립, 모든 예술적 발명과 모든 해방의 정치적 계열이 우리 눈앞에서 펼쳐 보이는, 불가능한 것의 가능성이야말로 진리들의 윤리학—그 실질적 내용이 죽음을 결정하는 '잘 사는 것'의 윤리에 대항하는—의 유일한 원리이다.

생존하는 동물에서 저항하는 인간으로

생명체는 생존의 욕망, 고통받지 않으려는 욕망이 있다. 생존은 모든 생명의 권리이다. 그러나 인간은 생존만을 위해 사는 동물이 아니다. 알랭 바디우는 인간의 권리를 재정의한다. 인간의 권리를 지키고 실천할 때에만 인간동물에서 인간이 될 수 있다고 주장한다.

> 만일 '인간의 권리'가 존재한다면, 그것은 결코 죽음에 대항하는 생
> 명의 권리나 비참함에 대립하는 생존의 권리일 수 없다. 그것은 스
> 스로를 긍정하는 불사의 존재의 권리, 또는 고통과 죽음의 우연성
> 에 대해 지배권을 행사하는 무한성의 권리이다. 결국 우리는 죽을
> 것이고 오직 먼지만이 남을 것이라는 사실도, 정황이 그에게 부과
> 하는 '동물이고자 하는 의지'를 거역하는 순간에 있어서 불사의 존
> 재로서의 인간의 정체성을 변화시키지 못한다.

평소에는 인간도 동물이다. 그렇지만 어느 순간 인간동물이 인간
으로 주체화될 때가 있다. 나밖에 모르고 자기 욕심에만 집착하던 인
간동물이 타자를 만나 주체화되는 사랑의 순간이 그러하고, 정치에
눈을 뜨고 부조리에 저항하는 순간이 그러하고, 과학을 연구하고 예
술을 창조할 때가 그러하다. 권력이 우리의 목숨을 틀어쥐고, 무릎
꿇고 노예처럼 일만 하라며 위협하고, 고분고분한 동물처럼 복종하
라고 겁박하는 위태로운 상황에서 스스로도 '거의 이해할 수 없는 저
항'을 할 때, 인간은 비로소 인간이 된다. 알랭 바디우는 이것을 진리
의 과정이라고 일컫는다.

진리는 우리를 지배하는 통념에 대항할 때 나타난다. 너무나 견고
하여 꿈쩍도 않을 것 같던 장벽에 균열이 생기면서 피어난다. 그것은
우리에게 들씌워져 있는 '지배적 의견들'에 대한 저항에서 시작된다.

인간은 영원을 꿈꾸는 존재이다. 아무런 이상이나 희망도 품지 않는다면, 삶이란 허무할 뿐이라며 그냥저냥 무의미하게 살아간다면, 우리는 한줌 흙으로 돌아갈 때까지 죽음을 기다리는 한낱 인간동물일 따름이다. 그렇지만 인간에게는 불사의 존재가 될 능력이 있다고 바디우는 역설한다. 인간은 삶에서 진리를 만들어낸다. 진리는 죽지 않는다. 진리를 만들고 주체화될 때 인간은 불사의 존재로 거듭난다.

모든 인간은 예측 불가능한 방식으로 이러한 불사의 존재가 될 능력이 있다. 거창한 정황에서건 작은 정황에서건, 중요한 진리를 위해서건 부차적 진리를 위해서건 상관없이 말이다. 그 모든 경우에 주체화는 불사의 것이고, 인간을 만들어낸다. 주체화를 제외할 때, 단지 생물학적인 하나의 종이 남을 뿐이다. 그 미적 매력이 결코 자명하지 않은 '날개 없는 두 발 달린 짐승'이 바로 그것이다.

결코 두 번은 믿지 않을 것을 사랑하라

인간은 언제 주체가 되는가? 의식에 균열을 일으키는 사건을 만날 때이다. 사건은 마치 폭탄처럼 삶의 한복판에 떨어진다. 이전의 언어와 사유로는 설명할 수 없는 사건을 겪으면서 우리는 변한다. 자기밖에 모르던 사람이 타인의 아픔과 어려움을 덜어주는 사랑의 주체가 되고, 파업을 불온하다고 비난하는 보수언론의 논조를 자기 생각인 양 읊조리던 사람이 노동자들과 연대하며 정치의 주체가 되기도 한다. 사건은 새로운 존재로 살도록 우리를 흔들어 깨우고, 그때부터 삶은 통째로 변해간다.

이제 나는 이전과는 다른 사람이 된다. 알랭 바디우의 표현을 빌리면 '탈관심화'된다. 사건을 겪으면 더 이상 나 자신의 이익과 관심에만 골똘할 수 없기 때문이다. 사랑하는 순간 이기심은 사그라진다. 정치에 눈을 뜨는 순간 나의 관계망은 이웃과 사회로 확장되고 보다 나은 세상을 바라게 된다. 과거와는 다르게 삶을 새롭게 구성하여 살기 시작하는 것이다.

이렇게 일어난 사건은 돌이키지 못한다. 사건 이전의 나로 돌아갈 수 없다. 눈을 떴고, 알아차렸기 때문이다. 사랑하게 되었기 때문이다. 나는 그 누구와도 비교할 수 없는 특별한 주체가 된다. 진리를 만났기 때문이다.

그렇지만 사건을 겪는다고 해서 전부 진리를 만나는 것은 아니다. 오히려 사건의 가면을 쓰고 '악'이 나타날 수도 있다. 갑자기 사건을 겪고 나서 끝내는 파국으로 치닫는 경우가 얼마나 허다한가? 사랑이라는 이름으로 가혹한 폭력을 저지르기도 한다. 그런가 하면 사건을 겪었음에도 아무 일 없었던듯이 예전과 똑같이 살아가는 사람들도 많다.

인생의 어느 순간, 우리에게 뜨거운 불길이 일어날 때가 있다. 그런데 우리는 워낙 훈육이 잘된 탓에 누가 뭐라고 하지 않아도 스스로

열기를 식힌다. 지레 자신의 사고와 행동을 저지한다. 세상 모든 것을 우리가 바꿀 수 있다는 생각은 물론 망상이고 착각이다. 그러나 좁은 방에 틀어박혀 변화의 의지를 억누른다면, 결국 세상이 원하는 대로 맞춰 살겠다고 체념하는 것과 같다.

알랭 바디우는 지금 우리에게 호소한다. 차오르는 뜨거움을 외면하지 말라고, "네가 만났던 것을 결코 잊지 말라"고, 그리고 "당신이 결코 두 번은 믿지 않을 것을 사랑하라"고 말한다. 내가 만난 것을 잊지 않는다는 말은 단순히 기억하고 간직하는 차원이 아니라 그 만남 덕분에 불사의 주체로 살아가게 된 놀라운 변화를 포기하지 않는다는 뜻이다. "결코 두 번은 믿지 않을 것을 사랑하라." 세월이 흘러 노회한 사람이 되면 믿지 않을 것들, 누군가의 눈에는 순진하기 짝이 없어 보이는 것들을 사랑하라.

알랭 바디우는 '충실성'을 제안한다. 자신이 고수해온 믿음에 균열을 일으키며 전혀 다른 세계를 펼쳐 보이는 사건을 만날 때, 우리는 어려움에 부딪히더라도 계속 나아가야 한다. 변화된 상황 속에서 충실하게 생각하고 행동할 때 진리가 탄생한다. 어느날 사랑에 빠지는 사건이 생기더라도 충실하게 사랑을 이어나가지 않으면 그것은 진리가 아니다. 충실성이 사라지면 진리도 사라진다. 충실함이 지속될 때 진리가 싹트고 꽃을 피운다.

알랭 바디우는 사무엘 베게트의 소설 『이름 붙일 수 없는 것』에 나오는 "계속해야 한다, 나는 계속할 수 없지만, 나는 계속할 것이다"라는 문구를 자신의 여러 책에서 거푸 인용한다.

계속할 수 없지만 계속하려는 의지, 온갖 고난에도 불구하고 헤쳐 나가려는 노력, 이것이 바디우가 뜨거운 육성으로 말하는 윤리이고 인간의 삶이다.

공존과 변태를
꿈꾸는 철학

『페미니즘의 도전』_ 정희진

● 정희진(1967~)

평화학·여성학 연구자이다. 학문 간 경계를 넘나드는 공부와 글쓰기를 지향한다. 사랑받음이
권력, 자기도취, 당연함이 아닌 사회, 남성다움과 여성다움이 자원이 되지 않는 사회, 중심과 주
변의 경계가 불안정한 사회, '세련'이 진정성으로 '우아'가 치열함으로 인식되는 사회를 꿈꾼다.
『페미니즘의 도전』, 『저는 오늘 꽃을 받았어요』를 썼다. 『한국 여성인권운동사』, 『성폭력을 다
시 쓴다』의 편저자이며, 20여 권의 공저가 있다. 한국출판인회의 선정 '100권의 책' 저자로 뽑
혔으며, 경향신문 선정 '2014년 뉴 파워라이터'로 이름을 올렸다.

아는 것은 상처받는 것

삶은 배움의 연속이다. 우리는 배움을 통해 과거의 나를 허물어뜨리면서 새롭게 태어난다. 그 끝없는 배움의 여정 중에 반드시 만나야 할 주제가 남성과 여성이라는 성별이다. 성별은 수많은 사람들에게 괴로움과 스트레스를 안기는 주요 요인이다. 사회 곳곳에는 성별 때문에 아파하고 혼란스러워 하는 사람들이 수두룩하다. 세상을 알고 더 의미 있는 삶을 살고 싶다면 남자든 여자든 성차性差를 공부해야 한다.

많은 남자들이 여자를 만날 때 머리가 지끈거리는 경험을 한다. 여자가 도무지 이해되지 않아서이다. 여자들의 말투, 말하는 방식, 이야깃거리 등 모든 게 어색하고 이상하게 다가온다. 여성들과의 일상 소통은 두터운 벽에 가로막혀 불가능해 보인다. 그렇기 때문에 남자들은 더욱 '여성'을 공부해야 한다.

남성이 여성을 공부한다는 것은 쉬운 일이 아니다. 정희진의 책

『페미니즘의 도전』*을 읽는다면 힘들 뿐만 아니라 '상처'를 받을 수도 있다. 하지만 우리는 상처받으면서 세상에 눈 뜨는 존재들이다. 더욱이 편협한 사고에서 벗어나게 해주는 상처라면 그만한 가치가 있다.

> 나는 안다는 것은 상처받는 일이어야 한다고 생각한다. 안다는 것, 더구나 결정적으로 중요하기 때문에 의도적으로 삭제된 역사를 알게 된다는 것은, 무지로 인해 보호받아온 자신의 삶에 대한 부끄러움, 사회에 대한 분노, 소통의 절망 때문에 상처받을 수밖에 없는 일이다.

남자들은 무지하다. 여성의 삶을 너무나 모르고 산다. 세상은 다양한 성들로 이루어졌지만 우리가 배워 아는 역사 속 위인들은 대개 남성이다. 반쪽짜리 역사이다.

여성의 시선으로 세상을 보면 딴판이다. 그래서 여성주의를 만나면 충격을 받는다. 오랜 시간 남성의 시각으로 느끼고 판단하고 살아왔으면서 그동안 균형 잡힌 사고를 하고 있다고 철석같이 믿었던 자신의 '일그러짐'과 대면하기 때문이다. 하늘이 돈다고 믿었던 사람이 지구가 돈다는 사실을 알았을 때나 인격신을 믿고 따르던 사람이 신의 부재를 깨닫게 되었을 때의 충격과 비슷하다. 자신의 세계가 무너져 내린다.

새로운 충격 속에서 새로운 사유들이 자란다. 비록 고통스럽고 힘들지만 상처를 통해 인간은 주체화된다. 상처받은 사람은 상처의 원인과 역사를 밝히려고 한다. 그래서 불합리한 세상을 바꾸기 위해 공부하는 사람은 언제나 약자이거나 상처받은 사람들이다. 상처받고 아파하는 사람들만이 고뇌하고 공부하면서 주체가 되고 세상을 변화시킨다. 처음엔 몹시 힘겹지만 갈수록 힘이 생기고 더 강해진다.

놀랍게도 여성주의를 공부하면서 통증을 느낄수록, 남성 중심의 사고가 무너질수록 삶이 바뀌고 시야는 넓어진다. 남성의 시각으로 사고하는 습관에서 조금씩 벗어나면 여성들과 소통이 이뤄지며, 여성을 더욱 깊이 사랑할 수 있게 된다.

> 우리는 사랑받을 때보다 사랑할 때 더 행복하고 더 많은 것을 배운다. 사랑하는 고통으로부터 자신의 크기, 깊이를 깨닫는다. 자기 자신과의 대화를 포함해 모든 대화는 최음제이며, 인생에서 깨달음만한 오르가슴은 없다. 상처와 고통은 그 쾌락과 배움에 대해 지불하는 당연한 대가이다. 사랑보다 더 진한 배움을 주는 것이 삶에 또 있을까.

예전에는 사회 공공담론장에 남성들의 목소리만 오갔다. 여자들의 목소리는 들리지 않았다. 여성은 인식 주체가 아니었다. 타자화된 대상, 남자 갈비뼈의 한 조각, 남자의 성욕을 풀어주는 환상이었다. 'Man'이라는 단어가 남성이자 사람을 뜻하듯이 남자는 자신을 '인간'으로 인식하지만 여자는 스스로를 '여성'으로 인식할 수밖에 없었다.

그러던 여성이 인식 주체가 되어 자신의 생각과 느낌을 꺼내어 펼쳤다. 여자들의 주장이 사회 곳곳에서 들려오자 남자들은 미처 생각도 못한 얘기에 당황했다. 강제로 잊혀지고 묻혔던 목소리가 이제야 세상에 나왔을 뿐인데 말이다.

모두를 위한 여성주의

정희진은 여성주의가 여성만을 위한 학문이 아니고, 남자들에 대한 저항도 아니라고 말한다.

> 내가 생각하는 페미니즘은 협상, 생존, 공존을 위한 운동이다. 여성운동은 남자 시스템에 저항하는 것이라기보다는, 남성의 세계관과 경험만을 보편적인 인간의 역사로 만드는 힘을 조금 상대화시키자는 것이다. 남성의 삶이 인간 경험의 일부이듯, 이제까지 드러나지 않았던 여성의 경험도 인간 역사의 일부임을 호소하는 것이다.

여성주의는 그동안 가려졌던 여성들의 경험을 꺼냄으로써 인식의 조정을 꾀한다. 남자의 경험과 관심이 전부인 줄 알던 사람이 여성의 눈과 귀로 세상을 보고 들으면 어쩔 수 없이 세계관이 뒤집히고 인식의 균열이 생긴다. 여성주의는 여성만이 아니라 남성에게, 공동체에

— 여성의 인권을 체계화해서 주장한 메리 울스턴크래프트.
영국에서 태어났으며, 1792년 『여성의 권리옹호』라는 책을 펴
내 여성의 인권과 평등을 적극적으로 피력했다. "열등한 이성
을 지닌 여성이 남성에게 종속되는 것이 곧 자연법"이라는 장
자크 루소의 의견에 "여성도 남성과 동등한 이성을 갖고 있으
며, 여성이 복종해야 할 대상은 아버지나 남성이 아니라 인간
고유의 이성"이라고 반박했다.

게, 전 인류에게 새로운 상상력과 창조력을 불어넣는다.

남자가 페미니즘을 공부하면 이때까지 한 가지 성으로만 구성된 세상에 갇혀 있었음을 깨닫게 된다. 여성들이 여자로 구성되고 연기하듯 남성들 또한 남자로 연기하며 살았을 뿐이다. 여성주의를 공부하기 전의 남자는 진짜 자신이라기보다는 세상에서 원하는 남자다움을 연기한 배우에 가깝다.

남자들이 알게 모르게 허세를 부리고 센 척하는 이유도 여성주의가 설명해준다. 당신은 당신답게 살지 않고 성별 역할극에 맞춰 남성다움을 흉내내는 것이라고. 그래서 여성학을 공부하면 자신을 옭아매던 역할극에서 탈출하여 남자는 어떻고 여자는 어때야 한다는 이분법에서 벗어날 수 있다.

여성주의는 민주주의와도 잘 맞는다. 민주주의는 모두가 주인이 되고 다양한 목소리가 공존하는 사회이기 때문이다. 여성들의 목소리가 살아난다는 것은 짓눌리고 억압받아온 다른 목소리들도 들리기 시작한다는 뜻이다.

세상은 딱 반으로 나뉘어 있지 않을 뿐더러 그렇게 나뉘지도 않는다. 끝은 새로운 시작이고 낮과 밤은 물고 물린다. 그런데 우리는 시작/끝, 낮/밤, 남자/여자를 경계 지으려고 한다.

정희진이 생각하는 여성주의는 경계에 서려는 노력이다. 경계에 선다는 건 세상을 이분법으로 바라보고 이해하는 방식에서 벗어나는 일이다. 그것은 우리를 가르고 나누었던 감춰진 경계들을 들추어낸다. 그래서 얼핏 혼란처럼 비치나, 그 혼란은 새로운 세계를 구성하려는 해체의 징후이다. 기존의 것을 무너뜨리지 않으면 무언가를 새로 만들 수 없다.

남성 중심으로 통일하거나 뭉치는 건 민주주의가 아니다. 우리는 서로의 다름을 이해하고 더욱 차이들을 드러내야 한다. 수많은 다름들이 어우러질 때, 여자들은 말할 것도 없고 남자들도 세상이 요구하는 어떤 꼴을 흉내 내기보다는 자기가 바라는 대로 살아갈 수 있다.

> 남성들 중에는 좌파도 있고 우파도 있고, 가난한 사람도 있고 부자도 있고, 지식인도 있고 그렇지 않은 사람도 있다. 그러나 남성들은 개인 혹은 인간으로 간주되지만 여성들은 여성으로 여겨진다. 여성이나 페미니즘이 다 똑같다고 생각하는 것은 타자 내부의 '차이'를 인정하지 않는 억압이다. 여성들 간의 차이를 드러내는 것이야말로 여성해방이다. 여성을 여성으로 환원하는 것이 가부장제이기 때문이다.

여성주의는 통일성이나 단일성의 가치보다는 대화의 가치를 강조한다. 여성뿐만 아니라 타자들의 목소리를 듣기 위함이다. 그런데 지금까지 알지 못했던 목소리들이 들리고, 보지 못했던 것들을 보게 될 때 우리는 얼마나 불편한가. 나의 무지가 조금이라도 성차별에 일조하고 있었다는 사실만큼 뜨끔하면서 꺼림칙한 진실이 또 어디에 있겠는가.

남성주의라는 기존의 렌즈를 벗고 여성주의라는 새 렌즈를 끼면 처음에는 어쩔 수 없이 이물감이 느껴진다. 어지럽고 혼돈스럽다. 하지만 무지의 안락에서 벗어나 각성의 기쁨을 느끼며 타인과 소통하는 방법을 일러준다. 다르게 세상을 바라보고, 다른 말들을 하게 해준다. 남성과 여성 모두에게 자신이 어떤 존재인지 사유하게 하고, 스스로를 재정의할 수 있는 힘을 길러준다. 그리고 고유성과 다양성이 조화롭게 공존하는 사회를 추구하도록 인도한다.

다른 현실, 다른 삶을 위한 공부

아직도 사회 곳곳에는 암세포 같은 남성중심주의가 남아 있다. 그러나 여성주의는 망치나 톱을 들지 않는다. 이제껏 남자들이 수많은 차이를 하나로 환원하고 통일하여 전체를 장악하려 했다면, 여성주의는 차이를 중심에 두고 기존의 보편성을 끊임없이 해체하고 재구성한다.

여성주의는 "공략하기보다 낙후시켜라"라는 말처럼 너 죽고 나 살자 식이 아니라 세상과 협상하면서 공존하고자 한다. 세상을 한꺼번에 확 바꿔버리는 대안을 기대하는 사람에게는 좀 천진하고 나약한 방법처럼 보일지도 모르겠다. 하지만 매번 반복되는 사회 문제를 여성주의 시각으로 새롭게 짚어보면 변화의 가능성이 열린다.

여성주의를 만나면 자유와 평등, 민족과 국가, 일상과 가정, 그 모든 것들이 새롭게 다가온다. 무엇보다도 내가 바뀐다. 나와 세상은 따로 떨어진 게 아니라 겹쳐 있기 때문이다. 나는 변화의 시작점이다. 그래서 정희진은 '변태'해야 한다고 말한다. 고루하고 낙후된 가부장제의 시각에서 해방되고 '변태'하고 싶을 때 여성주의가 풀무질을 해준다.

> 흔히 말하는 "의식은 바뀌었는데 몸이 바뀌지 않았다"라는 개탄은, 일상의 변화가 중요하다는 의미이다. 일상을 넘거나 일상을 극복하는 정치가 아니라, 모든 정치와 운동은 일상으로부터 시작되어야 한다. 머리mind가 변하는 것이 '의식화'라면, 몸mindful body이 변하는 것이 '변태'이다.

정신과 신체는 분리되어 있지 않다. 생각이 달라지고 의식이 성숙했다는 건 이전과 다르게 행동할 때 증명된다. 책을 수백 권 읽었는데도 살아가는 모습에 변화가 없다면 그의 지식은 죽은 지식일 뿐이다. 교육을 오랫동안 받아도 사람을 대하는 자세가 바뀌지 않는다면 그 비싼 강의료는 낭비였을지 모른다.

우리가 공부를 하는 이유는 하나이다. 다른 현실, 다른 삶을 살기 위해서이다. 이전과는 다르게 생각하고 행동하기 위해서 우리는 공부를 한다.

그러므로 여성학 공부는 단지 여성을 이해하는 차원이 아니라 이전과는 다른 몸을 지닌 사람으로 성장해가는 작업이다. 여성학 공부를 제대로 하면 사람이 달라지고 사회가 바뀐다. 여자들이 사회에 참여해서 노동하며 돈을 벌듯 남자들이 가정에 참여해서 집안을 살피고 가족을 돌보고, 여자가 할 일이라며 당연하게 여기던 무수한 감정노동을 경험하고, 그래서 남자와 여자 양쪽에 일방적으로 부과된 짐들이 분산되고 뒤바뀌고 공유된다.

세상의 변화는 이처럼 남자와 여자의 행동과 욕망이 변할 때 일어난다. 몸의 변화야말로 진정한 혁명이다. 물론 몸의 변화는 더디고 괴롭고 지난하다. 천천히 정진하는 수밖에 없다. 하루하루의 몸가짐이 모여 내 인생이 된다.

불안한 사랑과
작별하는 법

「사랑은 지독한 그러나 너무나 정상적인 혼란」_ 울리히 벡 · 엘리자베트 벡-게른스하임

- 울리히 벡Ulrich Beck(1944~2015)

프라이부르크 대학과 뮌헨 대학에서 사회학·철학·정치학을 수학했다. 뮌스터 대학과 밤베르크 대학 교수를 거쳐서 뮌헨 대학의 사회학연구소장을 맡았다. 독일 바이에른 및 작센 자유주 미래위원회 위원을 역임하면서 자신의 시민노동 모델을 발전시키기 시작했고 정치적으로 큰 인기를 끌기도 했다. 1986년 출판한 『위험사회』를 통해 서구를 중심으로 추구해온 산업화와 근대화 과정이 실제로는 가공스러운 '위험사회'를 낳는다고 주장하고, 현대사회의 위기화 경향을 비판하는 학설을 내놓아 학계의 주목을 받았다. 『성찰적 근대화』, 『정치의 재발견』, 『적이 사라진 민주주의』 등 일련의 저작을 통해서 근대성의 한계를 극복하고 새로운 근대 혹은 '제2의 근대'로 나아가는 돌파구를 모색했다. 또한 국가와 정치가 경제적 합리성을 주장하는 시장의 논리에 의해 무력화되고 있다면서 지구촌의 신자유주의 경향을 질타했다.

- 엘리자베트 벡-게른스하임Elisabeth Beck-Gernsheim(1946~)

뮌헨 대학에서 사회학·심리학·철학을 전공했다. 기센 대학에서 미시사회학을, 뮌헨 대학에서 사회심리학을 가르쳤으며 함부르크 대학 사회학 교수를 거쳐 현재는 에를랑겐-뉘른베르크 대학 사회학 교수로 재직하고 있다. 사회변동과 가족제도의 변화에 특별한 관심을 기울이며 연구하고 있다. 지은 책으로 『가족 이후에 무엇이 오는가?』, 남편 울리히 벡과 함께 집필한 『장거리 사랑』, 『사랑은 지독한 그러나 너무나 정상적인 혼란』 등이 있다.

사랑할 자유가 낳은 혼돈

사랑은 언제나 인생의 화두이다. 거리는 사랑 노래로 가득하고, 영화와 드라마도 온통 사랑 얘기이다. 그만큼 우리는 사랑하기를 바라고 사랑을 좋아한다. 그러나 사랑에 대한 관심이 사랑의 만족을 뜻하는 것은 아니다. 대중매체가 쏟아내는 갖가지 사랑 얘기에 많은 시간을 들이는 것은 일상에서 충만한 사랑을 경험하기가 그만큼 어렵다는 반증이다. 실제로 우리가 마음껏 사랑하고 있다면 대중매체가 잇따라 심어주는 환상에 홀리지 않을 것이다.

혼돈의 시대에는 우리의 사랑 역시 혼란스럽기만 하다. 사랑의 미로를 헤매면서 우리가 우선 해야 하는 건 사랑에 대해 공부하는 일이다. 공부한 만큼 사랑을 바라보는 태도가 달라진다.

울리히 벡과 엘리자베트 벡-게른스하임 부부가 쓴 『사랑은 지독한 그러나 너무나 정상적인 혼란Das ganz normale Chaos der Liebe』*은 이 시대의 사랑이 왜 혼란에 처해 있는지를 일깨우며 우리에게 사랑을 더 잘할 수 있는 방법을 일러준다.

개인의 사랑을 심각하게 고민하는 행위 자체는 근대의 현상이다. 과거에는 일찍 결혼했고, 성과 사랑이 사생활에 속한다고 여겨지지 않아 깊게 생각할 일이 없었다. 사회의 규범대로 따르면 되었다. 삶의 모습도 대개 비슷하여 몇 살에 결혼하고 언제쯤 자식을 낳고 어떤 식으로 살아갈지 인생 여정이 다들 그만그만했다.

그러나 오늘날 같은 개인화 시대에는 각자 알아서 짝을 만나고 사랑을 실현해야 한다. 누구와 어떻게 살지는 개인의 몫이다. 우리를 얽어매던 규범들은 헐거워졌지만 한편으론 든든한 지지대가 사라졌다고 할 수도 있다. 스스로 사랑을 '발명'해서 자기만의 사랑을 펼쳐야 한다. 사랑의 자유는 강제되었고, 어느 누구도 이 자유로움으로부터 자유로울 수 없다.

근대의 자유주의는 사랑할 자유를 낳았지만, 동시에 부담과 혼란을 안겨주었다. 개인 대 개인으로 만나 끝없이 대화하고 갈등하고 타협하면서 사랑을 엮어야 한다. 언제 어떻게 만날지, 사랑을 어떻게 나눌지, 성생활을 어떻게 할지 아무것도 정해진 것은 없다. 스스로 터득해야 한다.

가족이나 결혼이나 부모되기나 섹슈얼리티 혹은 사랑이 무엇인지 또 무엇이어야 하며, 무엇일 수 있는지 하는 것은 이제 더 이상 단정적으로 규정할 수 없게 되었다. 이것들의 본질, 예외, 규범, 도덕은 개인마다, 관계마다 다양하게 변하기 때문이다. 위의 질문에 대한 답변은 어떻게, 무엇을, 왜라는 모든 세부사항에 걸쳐 도출되고 협상되고 타협되고 정당화되어야 한다.

사랑이 개인화되면서 선택의 자유는 한층 늘어났다. 예전처럼 부모나 집안이 맺어주는 사람과 원치 않는 결혼을 하지 않아도 된다. 하지만 자유는 책임과 짝을 이룬다. 근대는 우리에게 자유를 주면서 스스로 책임을 지라고 요구했다. 삶도 사랑도 알아서 하라고 내맡겼다. 선택의 문은 활짝 열렸지만 그만큼 머리가 복잡해졌다. 사랑의 시작과 완성, 그 모두를 오롯이 나 혼자 짊어져야 한다. 비록 타의일망정 때가 되면 만남과 결혼이 이뤄지던 시대와 달리 이제 사랑의 가능성을 실현하려면 스스로 안간힘을 써야만 한다.

사랑교 모태신자들

오늘날 사람들은 이해관계에 따라 모이고 흩어진다. 사회 결속력은 과거처럼 끈끈하지 않다. 자유로워진 만큼 외로움도 커졌다. 그래서 사회가 개인화될수록 얄궂게도 혼자만의 세계에서 벗어나고 싶은 열망, 공동체에 대한 그리움이 강해진다.

사회생활을 하면서 만난 사람들과는 정서를 공유하거나 살가움을 나누기가 어렵다. 그래서 우리는 "아주 가까운 관계"에서 행복을 찾

■ 러시아 화가 안토니오 벨루치가 그린「안티오쿠스와 스트라토니케」.
고대 시리아의 왕 셀레우코스의 아들 안티오쿠스는 남몰래 계모를 짝사랑하
다가 상사병에 걸린다. 그를 진찰하던 그리스의 의학자 에라시스트라토스는
계모 스트라토니케가 방에 들어올 때마다 왕자의 맥박이 빨라지는 것을 발견
한다. 의사는 아들의 병을 묻는 왕에게 왕자가 자신의 아내를 사랑해서 상사
병이 났다며 거짓을 고한다. 왕은 의사에게 아내를 단념해주기를 청한다. 그
러자 의사는 모든 사실을 털어놓았고, 절망에 빠진 왕은 결국 아들을 살리고
자 자신의 아내를 내주었다.

는다. 사랑이 오늘날 가장 뜨거운 화두로 떠오른 이유이다. 애인이라는 모닥불을 곁에 두지 않고서는 자유로운 사회에서 온몸으로 스며드는 추위를 견디기가 힘들다.

현대사회에서 사랑의 대상은 계속 바뀌고 쉽게 변한다. 반면 사랑에 대한 의존도와 열망은 점점 높아간다. 사랑은 우리 삶의 절대적인 근거가 되었다. 어떤 것과도 비교할 수 없는 가치이다. 삶의 기준이었던 전통의 가치들은 점차 사그라지고, 그 빈자리를 사랑이 메운다. 원칙과 준거점이 사라진 혼돈의 현대사회에서 "낭만적 부부애란 실로 이 세계의 필수품"이 되었다고 벡 부부는 말한다.

필수품이 된 사랑은 종교 역할까지 해낸다. 사랑을 하면 마치 종교에 의탁하여 새사람으로 거듭난 듯이 완전히 달라지기도 한다. 사랑은 종교화되었다. 사랑이라는 세속 종교는 외롭고 유한하고 연약한 우리의 삶을 토닥이며 위무한다. 때론 용기도 준다.

종교가 하늘나라나 무릉도원, 서방정토를 꿈꾸듯 사랑 또한 유토피아를 꿈꾸게 한다. 우리는 사랑할 때 하나같이 행복을 그리며 새로운 인생을 기대한다. 종교의 열정과 닮았다. 부질없고 헛헛한 현실 대신 사랑이 약속하는 유토피아를 욕망한다. 내세를 약속하는 종교들처럼 사랑이 우리를 행복하게 해주리라는 믿음이 널리 퍼져 있다. 우리는 자신도 모르는 사이에 '사랑교의 모태신자'가 되어버렸다.

사랑은 유토피아이다. 그러나 위로부터 또는 문화적 전통이나 설교로부터 만들어지거나 설계되는 유토피아가 아니라 아래로부터,

성적 충동의 힘과 지속성으로부터 그리고 개인의 깊은 소망으로부터 자라나는 유토피아이다. 이러한 의미에서 사랑은 외적 의미와 전통에 방해받지 않는 종교이다. 그 가치가 연인들이 서로에게 깊이 이끌리고 주관적으로 서로에게 헌신하는 데 있는, 그리고 아무도 신도가 될 필요는 없으며, 따라서 개종할 필요가 없는 종교 말이다.

열린 가족 공동체와 우정의 관계망

현대인은 자의식이 강한 개별자들이다. 사랑에 대한 열망은 어느 때보다 커졌지만, 개인의 자유와 사생활을 저당잡히지는 않는다. 사랑은 하고 싶지만 그로 인해 자기 생활에 큰 변화가 생기거나 상대가 자유를 침해하면 견디지 못한다. 이런 갈등 속에서 사람들은 가깝지만 부대끼지 않을 정도의 거리를 두는 관계를 선택한다. 가까우면서도 먼 관계로서의 사랑이다.

연인과 거리를 둠으로써 서로의 단점을 보지 않고 일상에서 빚어지는 마찰도 피한다. 가까운 듯 먼 사랑을 하면 연인에 대한 환상이 유지된다. 혼자 있는 시간이 많지만 가끔 애인을 만날 수 있으니 외로움도 덜하다. 그런데 그런 연애조차 얼마 못 가서 깨지는 경우가 많다. 새로운 사랑에 대한 황홀감이 금방 사라지기 때문이다. 우리는 상대를 잘 모를 때 더 강렬하게 매혹을 느낀다. 반면에 시간이 지나 친숙해질수록 호기심이 마모되고, 서로 가까워질수록 이별도 점점 다가온다.

개인화된 사회에서 자란 현대인은 자신의 내밀한 세계를 타자와 공유하길 원하지 않는다. 어쩌면 우리는 타자 그 자체를 사랑하는 게 아니라 누군가를 사랑하는 자신의 감정을 사랑할 뿐인지도 모른다.

만남은 갈등을 빚는다. 사랑하는 사이라도 마찬가지이다. 자기 생활을 소중히 여기며 살던 우리는 누군가와 함께하기 위해 어느 정도 나의 자유를 포기해야 하는 상황과 맞딱뜨린다. 상대의 요구에 응해야 하고, 나 또한 상대에게 뭔가를 기대한다. 그렇지만 상대는 내 뜻대로 움직이는 꼭두각시가 아니다. 상대는 나와 다르지만, 나와 똑같이 개인화를 거쳤다. 다르게 개인화된 두 사람이 만난 터라 요구와 기대가 어긋나기 십상이고, 아쉬움과 섭섭함을 자주 느끼며, 오해가 쌓여간다. 상대와 나는 서로의 차이를 존중하며 함께하기보다는 '도대체 왜 그러냐'면서 실망하고 비난한다.

사랑에 대한 열망이 커진 만큼 실패도 잦아졌다. 대화하면서 같이 해결해야 할 일들이 한두 가지가 아니기 때문이다. 문제 하나를 해소하고 나면 두셋이 터진다. 예전처럼 주어진 역할만 하면 관계가 유지되던 시대가 아닌 것이다.

커플들은 공동의 명분을 만들어내고 추구하기 위해서, 즉 그들의 자유로운 사적 공간을 사랑과 결혼에 대해 서로 양립될 수 있는 개넘들로 채우기 위해서 계속 대화해 나가지 않으면 안 된다. 이것은 엄청난 노력과 시간, 인내력, 특히 '관계맺기 작업'으로 이름 붙일 수 있는 자질들을 요구한다. 이는 매우 어려운 작업이며 종종 거의 헛수고처럼 보인다. 왜냐하면 매번 동의에 이르고 나면 해결해야 할 또 다른 논쟁이 등장하기 때문이다.

근대의 개인화가 진행되면서 사람들은 동일성의 욕망이 강해졌다. 나와 다른 걸 꺼려한다. 대화를 통해 서로의 차이를 이해하면서 관계를 이어가기보다는 상대를 설득하여 내가 원하는 쪽으로 변화시키려 한다. 동일성을 지키면서 상대를 나의 취향에 맞추려 든다. 우리가 연애를 하면서 자주 실망하는 이유이다. 누군가를 좋아하는 것은 그 사람에게서 나와 비슷한 모습을 보았기 때문인지도 모른다. 그래서 내가 예상하지 못한 차이점이 드러날 때 견디지 못하고 관계를 끝내버리는 것이다.

인간은 고독한 존재이다. 현대사회로 들어서면서 더 외로워졌다. 자유로운 개인이 되었지만 인간 관계는 썰렁하고 세상 분위기는 삭막해졌다. 아는 사람은 많아졌는데 기이하게도 내 삶의 소중한 순간을 타인과 공유하기는 더 어려워졌다. 수많은 사람들이 나의 전화번호를 알고 있지만 내 진심의 비밀번호는 그 누구도 모른다. 주위에 사람들이 가득한데도 외롭다고 모두가 하소연한다. 우리는 사람들 틈바구니에서 '풍요 속의 빈곤'을 쓰라리게 체험하고 있다.

현대의 외로움은 곁에 사람이 없어서가 아니라 사람들 사이의 좁

혀지지 않는 '거리'에서 빚어진다. 남들이 내 일상에 끼어드는 것을 허용하지 않는 개인화 시대라지만, 사생활을 보호하려다가 어느덧 타인을 너무 멀리 밀어내버렸다. 아무리 혼자 잘 노는 '고양이과 도시인'이라 하더라도 으슥한 시간이 되면 세련되게 감춰둔 고독이 고개를 내민다.

타인과 온기를 나누고 싶은 열망은 인간의 본능이다. 그래서 사람들은 과거 어느 때보다 사랑을 필요로 한다. 외로워서 사랑을 갈구한다. 외로움의 대안이자 처방으로 사랑이 자리매김한 배경이다. 그런데 사랑 덕분에 외로움에서 벗어났지만 정작 사랑의 관계를 지키기 위해 치러야 할 귀찮고 힘든 일은 뒷전이 되었다. 외로움을 잊으려고 사랑을 하지만 사랑할 때 애써야 할 몫은 상대가 해주길 원하고, 마찰과 갈등을 거듭하다가 이별하거나 이혼하기도 한다. 갈수록 사랑에 목을 매는 우리의 서글픈 자화상이다.

어떻게 해야 할까? 백 부부는 가족을 열린 공동체로 만들어 구성원들이 함께하면서도 따로 있게 하자고 제안한다. 결혼과 핏줄로만 엮인 가족의 폐쇄성은 개인화 시대의 우리에게 맞지 않으니 새로운 가정을 꾸리자는 것이다.

이와 아울러 우정의 관계망을 키우자고 강조한다. 사람 사이에 나누는 정서의 유대감이 빈약하고 초라할수록 사랑에 대한 집착이 커진다면, 짧게 반짝했다가 긴 어둠을 드리우는 남녀 간의 사랑에만 매달릴 게 아니라 좋은 친구들과 일상에서 우정을 나누자는 것이다. 사랑에 대한 기대를 줄이는 만큼 현명하고 성숙한 사랑을 할 수 있을

테니까 말이다.

가족을 개방적으로 만들어 가족 구성원들이 홀로 있기를 꿈꿀 수
있게 하는 것, 이와 동시에 정체성 위기와 결혼의 소용돌이보다 오
래 갈 수 있는 우정의 망을 키우는 것은 기대가 지나치게 부푼 결혼
을 구제하고 이혼의 공황과 혼란을 가라앉힐 수 있는 두 가지 방법
이 될 수 있을 것이다.

동물과 인간의
평등을 위하여

『동물해방』_ 피터 싱어

- 피터 싱어Peter Singer(1946~)

오스트레일리아 출신의 윤리철학자이다. 공리주의에 바탕을 둔 윤리적 신념에 따라 빈곤, 기아, 불평등 문제를 해결하고자 노력하는 실천가이기도 하다. 1976년 출간한 『동물해방』은 전 세계적으로 동물해방운동의 단초가 되었으며, 낙태 합법화, 안락사 지지 등으로 논란의 대상이 되기도 했다. 옥스퍼드 대학을 비롯해 미국의 여러 대학에서 강의했으며, 동물권익 옹호단체인 '동물 해방'의 초대 회장을 역임했다. 현재 프린스턴 대학 생명윤리학 석좌교수로 있으며, 인간가치센터에서 생명윤리를 가르치고 있다. 2005년 《타임》이 선정한 '세계에서 가장 영향력 있는 100인'으로 지목되기도 했다. 주요 저서로 『동물해방』 외에 『실천윤리학』, 『다원주의 좌파』, 『물에 빠진 아이 구하기』, 『세계화의 윤리』, 『죽음의 밥상』 등이 있다.

우리에게 동물을 학대할 권리가 있는가

"서발턴은 말할 수 있는가?" 이 말은 인도 출신의 탈식민주의 이론가 가야트리 스피박이 던진 유명한 논쟁거리이다. 서발턴Subaltern은 하위주체라는 뜻으로 안토니오 그람시가 사용한 용어이다. 예를 들어 인도의 농부들, 콩고의 아이들, 아프가니스탄의 여자들처럼 '우리'와 동떨어졌다고 간주되는 존재들을 일컫는다.

우리는 서발턴을 잘 모른다. 물론 그들에 대한 정보는 꽤 많이 수집할 수 있지만 정말로 안다고 말하기는 어렵다. 서발턴의 목소리는 언제나 그들을 대변한다는 매체를 통해서만 들려오기 때문에 진실한 육성은 묻혀버린다. 우리는 그들에 '대한' 정보를 그들의 이야기라고 착각한다.

서발턴이라는 말이 낯설게 다가온다면, 일본군 위안부 여성을 떠올리면 된다. 일제에 끌려간 일본군 위안부 여성들은 수없이 많았지만, 이들의 사연은 1990년대 들어서야 겨우 알려지기 시작했다. 이들은 50여 년 가까이 침묵 속에 방치되어 있었다. 지금도 진실을 옹글게 안다고 할 수 없다. 한쪽은 일본 제국주의의 끔찍함을 두드러지게 하면서 국가주의 차원에서 이용하고, 다른 쪽은 민족의 아픔이자 수치의 상징으로 환기시키면서 민족주의를 고양시키고자 일본군 위안부를 언급한다. 정작 이들의 삶과 아픔은 잘 드러나지 않는다.

서발턴은 많다. 장애인, 이주노동자, 어린아이, 청소년, 실업자, 백수청년, 노인, 탈북자 등등은 우리 안의 서발턴들이다. 그렇지만 이들의 얘기를 우리는 제대로 듣지 못한다. 방송이나 신문 같은 대중매체를 '매개'로 얼추 접할 뿐이다. 그래서 '당사자 운동'이 중요하다. 매개체를 통해서 '재현'되는 건 실제가 아니다. 현실은 매개체를 거쳐서 사람들에게 알려지지만, 그러한 '재현'은 현실과 늘 괴리가 있다. 설령 서발턴의 목소리를 직접 듣게 된다고 해도 그 의도와 맥락을 해석하는 '우리들'의 위치가 다르기에 오해가 빚어질 수밖에 없고 소통은 좀처럼 이뤄지기 어렵다고 가야트리 스피박은 말한다.

그런데 당사자 운동 자체가 전혀 불가능한 존재들이 있다. 바로 동물이다. 동물은 이 세상에서 숱한 고통을 겪고 무자비하게 짓밟히고 있지만, 그들의 절규는 아예 우리의 관심 대상이 아니다. 부당한 처우를 받은 서발턴은 목소리를 조직하여 항의할 가능성이 희박하게나마 있지만, 동물의 사정은 다르다. 인간이 대신해야 한다.

철학자이자 동물해방론자인 피터 싱어는 동물의 대변자이다. 그는 『동물해방Animal Liberation』˚을 통해 왜 인간이 동물의 권리를 생각해야 하는지 조목조목 짚어낸다.

‘동물해방’에 대한 논의는 서발턴만큼 낯선 데다가 엉뚱하기까지 하다. 동물은 인간에 비해 열등할 뿐더러 인간 생존을 위해 얼마든지 이용될 수 있는 존재가 아니던가. 그런데 ‘해방’이라니 언뜻 이해가 되지 않는다. 피터 싱어는 왜 사람이 아니라 동물의 해방을 외치는 것일까?

18세기 말, 영국의 작가이자 여권 신장론자인 메리 울스턴크래프트는 여성을 차별하지 말고 여성의 권리를 인정하라며『여성의 권리 옹호』를 발표했다. 요즘은 성차별을 어리석고 무지한 생각으로 여기지만 그 시대에는 당연한 상식이었다. 그래서 당시 많은 진보 지식인 남성들조차 그녀의 주장을 우스꽝스럽게 취급했고, 누군가는『짐승의 권리 옹호』라는 책까지 펴냈다. 여성의 권리를 인정할 거면 짐승의 권리도 인정해야 한다며 비꼬는 글이었다.

그러나 시대가 바뀌고 사람들의 의식이 달라지면서 여성의 권리는 점차 인정받게 되었다. 여성이라는 이유만으로 차별하면 시대에 뒤떨어진 한심한 사람으로 낙인찍히고, 심지어 사회생활을 제대로 하기가 어려워진다. 여기서 한 가지 물음이 떠오른다. 여성 차별과 마찬가지로 동물을 차별하는 것도 어리석은 행동이 아닐까?『여성의 권리 옹호』를 비웃던 사람들이 시대의 물결에 떠밀려났듯이 훗날에는 ‘동물해방’을 허투루 보는 사람들이 경멸의 대상이 되지 않을까?

사실 시대는 이미 변하고 있다. 이제 동물을 함부로 대하면 미개한 사람이라고 손가락질 받는다. 그러나 오랫동안 우리 안에 똬리 틀어온 무의식은 여전히 동물을 하찮게 여긴다. 인간의 인식은 쉽사리

변하지 않는다. 긴 역사를 펼쳐놓고 보면 과거와 현재의 인식 간극이 크지만, 한 세대 안에서는 그 변화를 감지하기 어렵다. 우리는 자신의 생각이 옳다고 믿으며 어제와 다름없이 산다. 생동하는 삶을 가로막는 벽은 타성과 습관이다. 우리의 일상이 혹시 편견으로 굳어진 관성에 젖어 있는 것은 아닌지 의문을 갖고 성찰해야 한다. 동물해방이라는 주장에 눈살을 찌푸리는 까닭도 우리 몸에 밴 타성 때문이다.

> 습관. 이는 동물해방 운동이 직면하는 최후의 장벽이다. 식사 습관뿐 아니라 사고와 언어 습관 또한 도전을 받고 변해야 한다. 우리는 사고의 습관으로 인해 동물에 대한 잔혹행위 방지 노력을 감정적인 것으로, 또는 '오직 동물을 사랑하는 사람들'만을 위한 것으로 치부해버리게 된다. 혹은 동물의 문제가 인간의 문제보다 중요하지 않기 때문에, 심지어 현명한 사람들마저도 이러한 문제에 시간과 관심을 기울일 여유가 없을 것이라고 생각한다. 그런데 이 또한 편견이다.

인간은 동물을 얕본다. 동물을 사랑하고 배려한다고 해도 어느 정도는 우월의식이 숨어 있다. 인간의 무의식에는 동물을 이용 대상으로 보는 감춰진 욕망이 들어앉아 있다. 그래서 동물에게도 권리가 있으며 평등하게 대해야 한다는 피터 싱어의 주장을 들으면 왠지 모를 거부감이 느껴진다. 동물은 동물일 뿐 인간과 평등할 수는 없다고 생각하기 때문이다.

피터 싱어가 말하는 평등은 동물을 인간과 똑같이 대하라는 얘기가 아니다. 남성과 여성은 성차가 있지만 평등하다. 평등은 동일함이 아니라 존중을 뜻한다. 평등은 서로 다름을 인정하는 것이고, 저마다에게 걸맞는 처우를 하는 것이다. 인간이라 불리는 동물들은 서로 많은 차이가 있지만 평등을 주장한다.

동물도 마찬가지이다. 인간과 동물이라는 차이 때문에 서로 평등한 존재가 되지 못할 이유가 없다. 차이를 헤아리면서 얼마든지 평등하게 존중할 수 있다. 피터 싱어는 동물을 평등하게 대하지 않는 것은 성차별주의나 인종차별주의와 같은 '종차별주의'일 뿐이라고 쏘아붙인다.

인간에게는 동물을 함부로 대하고 이용할 권리가 없다. 우리가 동물보다 지능이 높고 힘이 세니까 마음대로 이용해도 된다는 주장은, 힘 센 인간이 힘 약한 인간을 폭력으로 착취해도 괜찮다는 논리와 상통한다. 짓뭉개도 비난받을 일이 아니라는 얘기이다. 상상이긴 하지만, 훗날 인간보다 우월하고 강한 외계생명체가 지구에 나타나 인간을 사육하고 잡아먹는다 해도 고스란히 인정할 수밖에 없지 않은가.

인간을 위해 희생당하는 생명들

동물과 인간의 고통은 다를까? 그들은 인간보다 통증에 무딜까? 아니다. 동물도 인간처럼 신경체계가 발달하여 똑같이 아파한다. 동물도 눈물 흘리고, 외로워하고, 기뻐하고, 슬퍼하면서 한 평생을 산다.

그러나 동물을 이용하는 인간들은 이런 동질성을 무시한다. 동물의 아픔 따위는 아랑곳하지 않고 별의별 실험에 써먹는다. 미국에서만 한 해에 수천만 마리가 갖가지 실험으로 고통스럽게 죽어간다. 더구나 거의가 중요한 실험도 아니다. 대개의 동물실험들은 무가치하고 쓸모없다. 동물실험으로 유명한 미국의 심리학자 해리 할로우는 은퇴를 앞두고 책을 쓰기 위해 실험 보고서 2,500편을 검토했는데, "대부분의 실험들이 무가치한 것들이었으며, 자료는 출판할 가치가 없는 것"이었다고 고백했다.

일제의 731부대처럼 인간을 대상으로 세균과 약물 실험을 하면 우리는 분노한다. 하시만 동물실험에는 무감각하다. 동물은 인간과 다르며, 동물을 인간의 목적에 맞게 이용해도 문제될 게 없다는 편견을 갖고 있기 때문이다. 동물실험을 통해 인류의 삶이 나아지리란 믿음도 있다. 동물실험으로 의약품을 개발하여 인간의 목숨을 살릴 수 있다면 괜찮은 일이라고 생각한다.

사실 인간을 위한 의약품을 동물실험으로 개발하겠다는 논리는 허울좋은 핑계에 불과하다. 오늘날 신약이 없어서 죽는 사람보다 얼마든지 질병을 고치고 살릴 수 있음에도 분배의 불공평과 선진국들의 착취로 스러지는 생명들이 훨씬 많다. 그래서 피터 싱어는 정말 인간의 생명과 건강에 관심을 쏟는다면, 동물실험을 옹호할 게 아니라 여태까지 개발된 약들을 분배하고 식량을 나누고 선진국의 물자와 지식을 더불어 사용하는 쪽으로 관심을 돌리라고 충고한다.

> 아시아, 아프리카, 라틴 아메리카, 그리고 산업화가 이루어진 서구
> 의 빈민가를 휩쓰는 질병들은 대체로 우리가 치료법을 잘 알고 있
> 는 것들이다. … 진정으로 건강 개선에 관심을 갖는 사람들이 연구
> 소를 떠나서 가장 필요로 하는 사람들에게 기존의 의학적 지식이
> 닿을 수 있도록 배려한다면, 인간의 건강에 훨씬 효과적으로 기여
> 하게 될 것이다.

식탁 위의 시체

요즘은 동물실험의 문제가 어느 정도 알려지고 공감대도 형성되
었다. 자신들의 제품은 동물실험을 하지 않았다고 광고하면서 호감
을 얻는 회사들도 늘었다. 그런데 진정한 동물해방을 이루려면 동물
실험 반대보다 더 큰 걸림돌을 넘어서야 한다. 육식이다. 사람들이
해마다 먹는 소, 돼지, 닭, 오리, 양, 개, 말, 토끼 등등을 떠올려보자.
도대체 얼마나 많은 동물들이 인간의 입속으로 들어가는지 어림잡
을 수조차 없다. 미국에서만도 해마다 수십억 마리에 이른다.

전대미문의 동물 학살이 벌어지고 있는데, 우리는 무덤덤하다. 고
기를 생명이 붙어 있던 동물이라고 체감하지 못하는 탓이다. 그저 매

■ 공장식 축산은 보다 빨리, 보다 많은 고기를 얻기 위해 고안된 잔인한 시스템
이다. 생명을 생명으로 대우하지 않는 이런 축산 환경에서 동물들은 햇빛을
보지도 못하고, 다른 동물들과 사회적 유대관계를 형성하지도 못한 채 평생
을 척박한 콘크리트 바닥이나 철창에 갇혀 보낸다.

장에서 돈을 주고 사는 '음식재료'일 뿐이다. 동물과 접촉하면서 함께
살지 않으므로 동물들이 어떻게 길러지고 죽음을 당하여 한 조각 살
덩이로 변하는지 우리는 알지 못한다.

　고기는 피를 흘리며 죽어간 생명이지만, 우리의 군침과 식욕은 동
물들의 고통을 가차없이 지워버린다. 특히 도시인은 식탁에 오른 고
기가 한때는 살아 숨 쉬던 생명체였음을 평생 의식하지 못한 채 생명
을 죽이고 얻어낸 살덩이에 온갖 양념을 해가며 입속에 집어넣는다.

일반적으로 우리는 우리가 먹고 있는 음식의 이면에 숨겨진 살아 있는 동물학대에 대해 무지하다. 가게나 식당에서 식품을 사거나 먹는 것은 오랜 학대 과정의 종착점이다. 최종 제품 외의 나머지 과정은 교묘하게 감추어져 있다. 우리는 깔끔한 플라스틱 꾸러미 안에 담겨 있는 고기와 가금을 구입한다. 이 상태에서는 동물들이 좀처럼 피를 흘리는 법이 없다. 이러한 꾸러미를 보고 있노라면 살아 숨 쉬고, 걸어다니며, 고통받는 동물이 쉽게 연상되지 않는다. 그리고 우리가 사용하는 단어는 그 자체로 고기가 어디에서 왔는지를 은폐한다.

지금 우리가 먹는 고기는 과거 방식처럼 집에서 키우던 동물이 아니다. '동물공장'에서 고통당하며 '제조'된 시체들이다. 따라서 육식은 현대 문명의 윤리의식과 연결될 수밖에 없다. 과연 나의 입맛을 위해 다른 생명들의 고통을 용인할 수 있는가.

동물실험과 공장식 축산의 문제가 여러모로 널리 알려지면서 남들보다 문제의식을 절절히 느낀 몇몇 사람들이 폭탄을 터뜨리면서까지 동물들을 해방하려고 시도한 일이 있다. 물론 '테러'라는 극단의 방법을 동원한 데에는 찬성할 수 없지만, 그들에게는 그만큼 절박한 문제였다.

피터 싱어는 동물에 대한 잔혹 행위를 반대하는 운동에 동참하자고 권유한다. 가죽과 모피로 된 옷 사지 않기, 동물실험을 한 회사의 상품 거부하기, 채식 하기 등이다. 그런 옷이나 상품을 구입하지 않는 것은 그런대로 실천하기가 쉽다. 하지만 채식은 어렵다. 우리는 동물을 아끼고 좋아하면서도 한편으로는 그들을 씹어 먹는다.

인류가 고기를 날마다 먹기 시작한 지는 고작 100년 남짓이다. 동물을 사육하고 도살하는 대규모 시설과 동물 시체가 썩지 않게 보관하는 냉동기술이 발달하고, 그것을 시장으로 빠르게 옮기는 유통구조가 확립된 뒤부터 고기가 밥상에 자주 오르게 되었다. 인류는 육식을 늘 해왔지만, 오늘날처럼 매일 고기를 먹지는 않았다. 고기에 대한 수요가 줄면 현재의 육식문화와 산업구조도 얼마든지 바뀔 가능성이 있다. 육식은 근대에 들어서 조장된 현상이기 때문이다.

우리의 육식 습관이 '동물공장'을 키운다. 축산업자들은 사람들이 고기를 많이 먹어대니 그 수요를 감당하려면 최대한 비용을 줄이고 대량으로 사육해서 도축할 수밖에 없다고 핑계를 댄다. 어쨌든 나의 육식은 동물의 고통을 요구한다. 알게 모르게 동물을 학대하고 죽이는 일에 일조하는 셈이다. 고기를 덜 먹자. 동물복지를 고려한 사육방식을 지지하고, 조금씩 육류 소비를 줄이고, 나부터 채식을 늘려가는 식습관을 들여보자. 물론 내가 채식을 하거나 공장식 축산시스템을 반대한다고 해서 세상이 하루아침에 바뀌지는 않겠지만, 인간을 위해 생명을 희생하는 동물들의 고통은 노력과 관심을 기울인 만큼 줄어들 것이다.

앎, 함, 삶의
순환

『앎의 나무』_ 움베르토 마투라나 · 프란시스코 바렐라

• 움베르토 마투라나 Humberto Maturana(1928~)

1928년 칠레 산티아고에서 태어난 인지생물학자이자 철학자이다. 칠레의 의과대학에서 공부를 시작했으나 같은 대학에서 생물학으로 학위를 마쳤다. 1954년 록펠러재단의 장학금을 지원받아 유니버시티 칼리지에서 해부학과 신경철학을 연구했다. 1958년 하버드 대학에서 생물학 박사학위를 취득했다. 현재 칠레 대학 인식생물학센터에서 신경과학 분야의 연구를 진행하고 있으며, 실재가 '객관적으로' 존재하는 것으로 보이지만 그것이 하나의 감각적인 공통의 구성물이라는 테제를 입증하는 데 힘을 쏟고 있다. 제자이자 동료인 프란시스코 바렐라와 함께 집필한 『앎의 나무』를 포함해서 여러 권의 책을 출판했다.

• 프란시스코 바렐라 Francisco Varela(1946~2001)

1946년 칠레 산티아고에서 태어난 생물학자이자 인지과학자이다. 대학에서 의학과 생물학을 공부하고 하버드 대학에서 생물학 박사학위를 취득했다. 1973년 피노체트의 군사정권이 수립되자 이를 피해 미국에서 7년 동안 망명생활을 했으며, 칠레로 돌아온 후 대학에서 생물학을 강의했다. 1970년대에 티벳 불교도가 되어 샴발라 수련의 창시자인 초감 트룽파 린포체, 네팔 명상 마스터인 툴쿠 우르겐 린포체와 함께 불교와 현대과학에 대해 연구했다. 1986년 프랑스에 정착하여 에콜 폴리텍에서 인지과학과 인식론을, 파리 대학에서 신경과학을 가르쳤다. 주요 저서로는 움베르토 마투라나와 함께 쓴 『오토포이에시스와 인지』, 『앎의 나무』 등이 있다.

인식의 출발점

우리는 저마다 자기 관념대로 세상을 해석하고, 그것을 진실이라고 믿고 산다. 그러나 내가 인식하고 규정하는 세상은 하나의 관념일 뿐 고정불변하는 유일한 실체가 아니다. 우리는 이렇게 물어야 한다. 세상에 대한 나의 견해는 실재 모습과 얼마나 일치할까? 나는 과연 세상을 정확하게 보고 있을까?

스승과 제자 사이이자 동료였던 움베르토 마투라나와 프란시스코 바렐라는 공동 집필한 『앎의 나무The tree of knowledge』*에서 객관화된 세계란 없다고 주장하면서, 세상에 대한 지식이 생겨나는 인지조건과 인식환경을 살핀다.

여태껏 우리는 지식을 습득하는 데만 관심이 있었지 그 지식이 쌓이는 '나'라는 인식 공간과 환경에 대해 공부하지 않았다. 신경생물학을 통해 사람의 인식이 어떻게 생겨나고 작동하는지 그 원리를 찬찬히 파고든 마투라나와 바렐라는 세상을 살아가는 '나'를 관찰하고 톺

아보게 해준다.

독자들은 마치 '사실'이나 물체가 저기 바깥에 있어서 그것을 그냥 가져다 머리에 넣으면 되는 것처럼 인식현상을 보아서는 안 된다는 사실을 늘 되새겨야 할 것이다. 이것이야말로 우리가 말하려는 모든 것의 근본이다.

서양 근대철학을 종합한 독일 철학자 임마누엘 칸트는 사물을 '물자체物自體'와 '표상表象'으로 나누었다. 사람들은 외부의 사물을 내가 보고 인지한다고 생각하는데, 칸트는 겉으로 드러난 표상들을 내가 구성해서 인지한다고 주장했다. 칸트에 따르면, 물자체는 아무도 알 수 없고 저마다 물자체의 표상들을 구성할 뿐이다. 딸기는 초록 꼭지가 달린 빨간 색의 둥그스름한 표상으로 인지되지만 딸기의 실재인 물자체는 우리가 모르는 셈이다. 우리는 딸기의 초록 꼭지와 빨간 과육이란 표상을 지각하고 인식할 따름이다.

사물은 내 눈과 머릿속에 그대로 들어오는 게 아니다. 내가 사물을 표상으로 지각해서 구성한다. 빨간 능금도 실제로 빨간 색이 아니라 가시광선의 다른 색깔은 흡수되고 빨간 색만 반사하기 때문에 빨갛게 보인다. 능금이 갖지 않은 색깔을 우리가 감각기관으로 지각하고 구성함으로써 그것은 빨간 능금이 된다. 빨간 능금은 곧 내가 구성한 결과이다.

칸트 이전에는 사물과 주체의 관계에서 인식하는 '나'는 별로 중요하지 않았다. 바깥의 사물이 중요했다. 칸트에 이르러서야 사물을 구성하는 '나의 인식조건'이 중요해졌다. 인식론에서 '코페르니쿠스적 전회轉回'를 했다는 칸트의 자평은 허풍이 아니다. 푸른 각막을 갖고 태어난 이에게는 세계가 푸르게 비치고, 노란 안경을 쓴 이에게는 세상이 노랗게 보인다. 우리는 각자의 인식조건에 따라 세계를 볼 수밖에 없다. '세계 그 자체'는 누구도 알 수 없는 셈이다.

하지만 마투라나와 바렐라는 칸트를 반박한다. 물자체를 모른 채 표상만 알 수 있다고 하는데, 물자체가 있다고 장담하는 근거가 무엇이며, 있다고 하면서도 알 수는 없다고 주장하는 까닭을 묻는다. 그동안 철학자들은 대상으로서의 사물이 실제로 있는지 없는지, 실재한다면 인식할 수 있는지 없는지를 두고 옥신각신했다.

이에 반해 마투라나와 바렐라는 '관찰자'를 모든 생각의 출발점으로 놓고 논의해야 한다고 주장한다. 관찰자가 연구 대상이자 연구 수단이다. 관찰자와 떨어진 준거점은 없다. 세계는 홀로 존재하지 않는다. 세계가 존재한다면 그런 세계를 바라보는 관찰자가 있어야만 한다. 관찰자가 바라봄으로써, 관찰자가 있어야만 세계는 존재한다.

세상은 관찰자를 통해 구성된다

마투라나와 바렐라는 세계가 인간의 인식조건에 따라 구성되는 수준을 넘어서 관찰자가 세계를 임의로 구성한다고 주장한다. 이를 '급진구성주의'라고 부른다. 칸트의 구성주의가 물자체인 하나의 세계를 제각각 다르게 인식하며 구성해낸다는 논리라면, 급진구성주의는 단 하나의 세계란 없고 저마다 오만가지의 실재 세계를 만들어낸다는 주장이다.

바깥에 실재 세계가 있고 우리가 그 표상을 구성한다는 것이 칸트의 해석이다. 하지만 마투라나와 바렐라는 세계 자체가 인지활동으로 만들어진다고 보았다. 내가 생각하고 바라보는 세계는 내가 만든 나의 세계이고, 너는 너가 바라보는 너의 세계를 만들어낸다는 것이다. 나의 세계와 너의 세계는 각각 독립된 실재이다. 마투라나와 바렐라의 말이 맞다면, 세계는 본디 하나의 실재가 아니라 저마다 다르게 인식하고 만들어내는 수많은 실재들이라 할 수 있다. 세상은 관찰자의 존재 조건과 따로 떨어진 어떤 실체가 아니다. 세상은 관찰자를 통해 구성된다. 관찰자가 세상을 구성하기 때문에 관찰자에 따라 세상과 사물은 달라진다.

인간은 자외선을 볼 수 없으나 새는 볼 수 있다. 자외선을 인식하여 구성된 새의 세계는 가시광선에 머무르는 인간의 세계와는 전혀 다를 것이다. 우리는 몸 바깥의 '객관화된 세계'를 지각한다기보다는 저마다 세계를 구성한 뒤 그 결과를 지각한다. 본디 있는 세계를 인식하는 게 아니라 자신이 세계를 이룩하고 인식하는 셈이다. 원래 있는 세상을 지각하는 게 아니라 내가 구성한 세상을 지각하는 것이다.

우리의 경험은 우리의 구조와 뗄 수 없게 얽혀 있음을 보여준다. 우리는 세계의 '공간'을 보는 것이 아니라 우리의 시야를 체험하는 것이다. 우리는 세계의 '색깔'을 보는 것이 아니라 우리의 색채공간을 체험하는 것이다.

우리는 무엇'을' 알지 않고 무엇'으로' 안다고 마투라나와 바렐라는 말한다. 그래서 자신이 인지한 세계를 '객관화된 세계'라고 주장하면서 자기 생각이 옳다고 밀어붙일 수 없는 것이다. 세계는 단 하나의 사실로서 존재하는 게 아니라 나의 지각조건과 인식활동에 따라 구성되므로 너와 나의 세계는 다를 수밖에 없다. 우리가 좀 더 겸손해져야 하는 이유이다.

'사실'은 나의 인지조건에 따라 '특수하게' 알아낸 결과일 뿐이다. 모든 앎은 '나'라는 관찰자의 행위와 맞물려 있다. 관찰자마다 인지조건이 다르고, 그에 따라 다른 앎을 갖게 된다. 내가 아는 지식은 내 몸, 내 행위와 떼려야 뗄 수 없다. 지식은 행위와 포개져 있다.

뱀이 바라보는 세상은 인간이 바라보는 세상과 다르다. 뱀과 인간의 몸이 다르고 인식조건과 활동이 다르기 때문이다. 뱀은 자신의 짜임새에 따라 뱀의 세상을 만들어 인식하고, 인간은 자신의 존재 조건에 따라 인간의 세상을 만들어 인식한다.

내 눈에 비치는 세상은 바로 내가 만들어내고 인지한 세상이다. 그렇다고 나 혼자 엉뚱한 세계를 만든다는 얘기가 아니다. 자신만의 세계와 경험에는 '이미' 자신의 존재가 엉켜 있다는 뜻이다. 앎과 함은 맞물려 있다. 함이 곧 앎이며, 앎이 곧 함이다. 무엇을 하는 것이 무엇을 아는 것이고, 무엇을 아는 것이 무엇을 하는 것이다.

구조접속과 자기생성

지구는 인간을 꼭짓점 삼아 돌아간다고 믿고 있는, 믿고 싶은, 믿으려는 이들에게 다윈은 처음에 크나큰 충격을 주었다. 인간이 몇백만 년 전 영장류에서 갈라져 나와 오랜 세월 여러 진화를 거쳐 1만 년 전에야 드디어 농경을 시작하여 오늘날에 이르렀다고 하니, 인간은 신의 모습을 따라 창조된 대단한 존재라는 믿음이 산산조각 날 수밖에 없었다.

다윈 스스로도 진화론의 파장을 우려해 연구 결과를 20년 동안 세상에 내놓지 못했다. 1859년 다윈의 『종의 기원』이 출간되자 아니나 다를까 거센 소용돌이가 몰아쳤다. 진화론의 찬반을 두고 학계와 사회 전반에 걸쳐 격렬한 논쟁이 벌어졌고, "원숭이가 인간이 되었다면, 무엇이든 인간이 되지 말라는 법이 있겠는가?"라는 서평도 등장했다. 신문과 잡지들은 다윈을 원숭이로 묘사한 만평을 앞다투어 실었다.

하지만 엄청난 파문을 뒤로 하고 사람들은 결국 다윈의 진화론을 받아들였다. 비록 진화의 산물이라고는 해도 인간은 생명진화의 최

■ 찰스 다윈을 원숭이에 빗대어 풍자한 영국의 신문 만평.
다윈의 진화론은 창조설을 믿는 기독교 신학자들은 물론 생물
학자들까지도 맹렬히 반대했다. 특히 '인간은 원숭이로부터 진
화되었다'는 발언은 당시 유럽사회에 큰 충격을 가했다.

종 단계였고, 다른 모든 생명체들을 앞선다고 생각했기 때문이다. 여전히 사람은 숨탄것들의 꼭대기에 올라서 있었고, 그 무엇보다 우월한 존재였다. 세상의 주인이 뒤바뀔 염려는 없었다.

마투라나와 바렐라는 진화론 이후에도 검질기게 남아 있는 '인간 중심주의'를 부순다. 생명체들이 일직선 형태로 진화했고 그 끝에 인간이 있다고 믿고 싶어하는 이들과 달리 두 사람은 "진화란 자기생성과 적응이 보존되는 가운데 일어나는 자연표류"라고 얘기한다. 생명들이 하나의 줄을 따라 '진보'하지 않고 수많은 우연과 맞닥뜨리고 이리저리 표류하며 오늘날에 이르렀다는 것이다.

진화란 오히려 방랑하는 한 예술가와 비슷하다. 그는 세상을 떠돌아다니며 여기저기에서 실 한 가닥, 깡통 한 개, 나무 한 토막을 주워 그것들의 구조와 주위 사정이 허락하는 대로 합친다. 그가 그렇게 합치는 데는 특별한 이유가 없다. 그저 그렇게 할 수 있을 뿐이다. 그가 떠돌아다니면서 서로 어울리게 연결해놓은 부분들이나 형태들로부터 온갖 복잡한 형태들이 생겨난다. 여기에는 어떤 계획도 없으며 그저 자연스럽게 표류하는 가운데 생겨났을 뿐이다. 우리 모두도 이와 같이 생겨났다. 우리가 생겨나는 데에는 정체와 번식력의 보존이라는 법칙 이외의 어떤 다른 법칙도 필요하지 않다. 바로 이 점에서 우리를 포함한 모든 생명들은 같은 뿌리를 가지고 있다. 그것이 장미든 가재든 칠레 산티아고의 경영자든….

생명체들을 서로 비교하며 인간은 잘났고 장미나 가재는 못났다고 말할 수 없다. 지구상의 생물들은 저마다 환경을 인식하면서 적응한 결과물이다. 인간은 인간의 방식으로, 다른 생명체들은 그들의 방식으로 살아남았다. 진화의 동력은 우연이다. 인간은 생명체가 진화하면서 최적화한 결과가 아니라 생명체들이 진화하는 가운데 우연하게 빚어진 결과일 뿐이다.

산꼭대기에서 물을 부으면 커다란 바위를 만나 휘돌기도 하고 움푹한 곳에 고이기도 하면서 온갖 군데로 여러 모습으로 흘러가듯 인간도 생명의 물줄기들 가운데 하나일 따름이라고 마투라나와 바렐라는 말한다. 다른 물줄기들은 다른 생명체의 모습으로 흘러왔고, 인간은 지금의 모습으로 흘러왔다. 이것이 '자연표류'이다. 현재의 인간도 얼마든지 다른 모습으로 '표류'할 수 있다. 몇천만 년 전에 공룡들이 지구를 지배했듯이 긴 세월이 흐르고 나면 어떤 생물들이 지구상에 출현할지 알 수 없다.

마투라나와 바렐라는 '자기생성'을 해야 생명이라고 정의한다. 생명은 자연표류하면서 환경에 맞게 자신을 바꿔간다. 생명이 외부와 마주치고 섭동하면서 스스로를 만들어낸다는 주장이 '자기생성'이다. '자기생성'은 생명의 탄생과 더불어 생명이 사라지지 않고 줄기차게 이어지는 이유를 설명한다.

원시지구의 바닷속에서 진행된 분자물질의 변화가 이 시점(분자반응의 진정한 자양액인 파도가 세찬 바다와 대기에서 찰랑거리면서 유기분자가 꾸준히 자연발생적으로 생기는 과정)에 이르렀을 때, 아주 특별한 분자반응을 하는 체계가 생겼다. 다시 말해 유기분자 영역 안에 다양성과 신축성이 생김에 따라, 자신을 이루는 분자들과 같은 부류의 분자들을 다시 생산하고 통합하는 분자반응들의 그물체가 생기게 되었다. 이 그물체는 자기를 실현하는 가운데 주위 공간에 대한 경계를 스스로 만든다. 이처럼 자기 자신을 생산하면서 자신의 경계도 결정하는 분자적 상호작용들의 그물이 바로 생물이다.

스스로를 생산한 생명들은 환경에 적응만 하지 않는다. 환경을 뒤바꿔놓는다. 인간이 나타남에 따라 지구 자연이 어마어마하게 파괴되고 변화되었듯이 생명은 환경의 구조에 영향을 미친다. 까마득한 옛날에 유기분자들이 생겨나고 세포들이 산소를 내뿜음으로써 대기에 산소 비율이 높아졌다. 그러자 산소는 다시 생물들에게 영향을 주어 산소호흡으로 살아가는 생물체들이 더 늘어났다.

이처럼 개체와 환경은 서로의 변화 모습을 결정하거나 명령하지는 않지만 영향을 주고받으며 섭동하는데, 이런 상호작용을 '구조접속'이라고 부른다. 길고 긴 시간을 거치는 동안 숱한 생명들과 지구가 구조접속을 한 결과가 오늘날 이 세상의 모습이다. 생명들은 앞으로도 끊임없이 '구조접속' 속에서 '자기생성'을 하며 진화해갈 것이다.

자기생성은 환경의 영향을 받지만 스스로 변화한다는 의미에서 수동보다 능동에 가깝다. 환경은 얼마든지 바꾸고 선택할 수 있다.

그러므로 나는 지금 무엇과 접속하여 무엇이 되어가는 중인지 사유하는 일은 얼마나 중요한가. 접속하면 세계가 구성되고 앎이 시작되며, 그 앎이 곧 나라는 존재를 구성하기 때문이다.

배려하고 연대하고 사랑하라

인지생물학을 통해 인간의 존재 조건을 짚어본 마투라나와 바렐라는 사랑에 주목한다. 우리 모두 저마다의 세계가 있으니 자기만 옳다는 독선에서 빠져 나와 타인을 받아들이며 사랑하자는 것이다.

사랑은 내 곁에 타인의 자리를 비워두는 일이다. 내 안에 너의 자리를 마련할 때 인간은 성숙한다. 나의 입장에서만 생각하고 행동하면 내 주위에 비바람이 몰아친다. 그러나 비록 나와 대립하더라도 상대 역시 정당성이 있음을 인정하면 나와 타자 사이에 무지개가 이어진다. 남을 품지 못하는 사람은 아무리 나이를 먹어도 아이일 뿐이다. 어린 아이들은 자기중심성에 갇혀 있다. 자기 주장이 있더라도 내 생각이 언제나 옳지는 않음을 깨달을 때, 그래서 당당하면서도 겸손해질 때 아이는 비로소 어른이 된다. 자신이 틀릴 수 있다는 것을 염두에 두는 사람이 어른이다.

우리는 남의 흠은 작은 것도 잘 찾아내면서 자기 약점은 큰 것도 금방 알아차리지 못한다. 그래서 사랑이 필요하다. 타자를 사랑하면 더 넓은 세상을 만나게 된다. 나만을 위해 살지 않고 상대를 헤아리고 배려하고 연대하게 된다. 사랑은 그저 낭만 어린 감정이나 남녀 사이의 흥분이 아니라 사람이 성숙하는 과정에서 반드시 거쳐야 하는 통과의례이다. 자기라는 좁은 울타리를 넘어 다른 누군가를 사랑하고 함께 새로운 세계를 창조하면서 인간은 불완전하고 미약하나마 조금씩 성장해나간다.

무지의 장막을
걷어내라

『이데올로기의 숭고한 대상』_ 슬라보예 지젝

슬라보예 지젝 Slavoj Zizek(1949~)

라캉과 마르크스, 헤겔을 접목한 사유로 '동유럽의 기적', '라캉 정신분석학의 전도사'로 일컬어
지는 세계적인 철학자이다. 단순한 지식인이라기보다는 유럽 최고의 실천하는 이론가로서 『이
데올로기의 숭고한 대상』, 『부정적인 것과 함께 머물기』, 『시차적 관점』, 『불가능한 것의 가능
성』 등을 비롯하여 매년 2~3권의 책을 출간, 왕성한 집필 활동을 하고 있다. 모교인 슬로베니아
류블랴나 대학의 사회철학연구소 선임연구원이자 유럽대학원 교수로 있으며, 런던 버벡 컬리지
와 뉴욕 대학에서 가르치고 있다. 2013년 7월 경희대학교 석학교수로 부임한 인연으로 해고자
문제 해결과 비정규직의 정규직화를 위해 장기투쟁하고 있는 민주노총 쌍용자동차 지부 조합원
들을 방문, 격려하기도 했다. 그는 주체, 이데올로기, 자본주의, 근본주의, 인종주의, 똘레랑스,
다문화주의, 인권, 생태학, 세계화, 이라크전, 혁명, 이상주의, 전체주의, 포스트모더니즘, 대중
문화, 오페라, 영화, 정치이론과 종교를 포함한 수많은 주제에 대해서 글을 쓰고 있다.

가난한 사람이 부자 정당을 지지하는 이유

선거 때가 되면 사회 밑바닥에서 허덕이는 사람이 자신에게 해로운 정책을 펴는 정당에 표를 던지는 어처구니없는 일이 벌어진다. 일부 지식인들은 이런 뜨악한 행동의 근거를 이데올로기에서 찾았다. 사람들이 어떤 거짓된 이데올로기에 사로잡혀 있다고 판단한 것이다. 그래서 이데올로기는 '허위의식'이나 '오류의식'과 같은 의미로 쓰였다. "그들은 그것을 알지 못한 채 행하고 있다"는 『자본론』의 유명한 문장은 이데올로기를 설명하는 명쾌한 풀이였다. 칼 마르크스의 주장처럼 이데올로기는 사람을 속이는 '거짓된 믿음 체계'라고 지식인들은 생각했다.

그러나 슬로베니아의 철학자 슬라보예 지젝은 자신의 이름을 세계에 알린 『이데올로기의 숭고한 대상The Sublime Object of Ideology』*에서 이데올로기는 허위의식이 아니라고 말한다. 그것이 정말 허위이고 오류라면 그 진실이 명백히 밝혀질 경우 바로잡혀야 하는데, 이데올로기는 좀처럼 사라지지 않는다는 것이다.

　지젝보다 먼저 이데올로기의 실체를 연구한 프랑스의 철학자 루이 알튀세르는 자신의 유명한 논문「이데올로기와 이데올로기적 국가기구」에서 모든 주체들은 이데올로기를 구성한다고 주장했다. 예를 들어 대학을 꼭 가야 한다고 생각하며 입시를 준비하는 사람은 바로 '대학 이데올로기'를 구성하는 주체이다. 이데올로기는 헛된 관념이 아니라 인간을 움직이게 하는 '물질적 행위'이며, "대중의 무의식적 표상 체계"이다. 그것은 우리의 신체와 실천 없이는 존재할 수 없다. 인간 외부에 있지 않으며, 인간의 행위를 통해 드러난다. 우리는 이데올로기를 의식하면서 행동하지는 않는다. 그것은 무의식 중에 실천된다. 이데올로기는 우리가 별 생각 없이 하는 일상의 행위들 속에서 작동한다.

　알튀세르의 주장을 한편 비판하면서 더 한층 발전시킨 지젝 또한 이데올로기는 잘못된 관념이 아니라 '사회적 현실'이라고 얘기한다.

　　이데올로기는 단순한 '허위의식', 현실에 대한 착란적인 표상이 아니다. 그것은 오히려 이미 이데올로기적이라고 인식될 수 있는 현실 자체이다. 이데올로기적인 것은 그 본질에 대한 참여자들의 무지를 통해서만 존재할 수 있는 사회적 현실이다. 즉 이데올로기의 사회적인 효과와 재생산 자체는 개인들이 '자기들이 무엇을 하고 있는지 알지 못하는 것'을 함축하고 있다. "이데올로기적인 것은 (사회적) 존재의 '허위의식'이 아니라 존재가 '허위의식'에 의해 유지되는 한에서 그 존재 자체이다."

서민은 보수정당에 표를 주는 자신의 행위가 생활을 더 어렵게 한다는 것을 알지 못한다. 모르면서 하는 대중의 행동이 경제구조와 정치권력을 재생산한다. 사회가 불안해지고 일상이 팍팍해지면 사람들은 안정을 갈구하며 변화에 손사래 치게 된다. 이러한 외면과 거부는 불평등한 사회 구조를 더욱 단단하게 만들고, 그럴 수록 대중의 삶은 점점 고통의 늪으로 빠져든다. 그래서 이데올로기는 단순한 허위의식이 아니라 '현실'이라고 말하는 것이다.

슬라보예 지젝은 사람들의 머릿속에 주입된 잘못된 생각을 주시하기보다 현실의 맥락과 관계를 바라보자고 말한다. 잘못된 생각을 바로잡으려면 그것이 생겨나는 '현실'을 알아야 하기 때문이다. 이 '현실'이 이데올로기와 맞물려 돌아간다.

대중은 보수정당이 힘을 갖고 있으니까 자신들도 다수의 편에 서는 거라고 생각하지만, 실상은 대중이 표를 주기 때문에 보수정당이 유지되는 것이다. 앞뒤가 뒤집힌 꼴이다. 마르크스가 얘기한 왕과 신하들의 관계와 비슷하다. 신하들이 섬기고 모시기에 왕이라는 존재가 생겼지만, 신하들은 마치 저 사람이 본디 왕이기에 자신들은 복종해야 한다고 믿어버린다. 이렇게 뒤집어진 관계와 맥락에서 발생하는 효과가 바로 '이데올로기'이다.

대부분의 사람들은 노동자로 착취를 당하면서도 자본주의의 작동 원리에 대해 잘 모른다. 자본가가 직원 월급의 몇백 배를 가져가는

— 1920년대 초반 미국의 자동차 공장 노동자들.
지본가는 직원들에게 적은 급여를 지불하고 엄청난 이익을 얻고 있지만, 자본주의의 착취 구조는 노동력과 돈의 교환이라는 검은 장막에 가려 잘 드러나지 않는다. 얼핏 평등해 보이는 교환 안에는 불평등한 예속 관계의 갈등이 감춰져 있다.

까닭은 피고용인들의 땀과 시간 덕분이다. 그런데 대다수 임금노동자들은 그저 월급이 좀 더 오르기를 바랄 뿐 자신이 착취당하고 있음을 깨닫지 못한다. 일한 만큼의 대가는커녕 쥐꼬리만한 돈을 받고 소비와 유흥으로 허전한 마음을 달랜다.

자본주의의 착취 구조는 검은 장막에 가려 드러나지 않는다. 착취 당한다는 사실을 세상 사람 모두가 알면, 자본주의는 더 이상 작동하지 못하고 폐기될 것이기 때문이다. 만일 이 사회가 실제로 어떻게 작동하는지를 다수가 알게 된다면, 현재의 구조는 무너질 수밖에 없다.

개인의 노동력과 시간이 얼마간의 돈으로 교환되는 과정이 별 탈 없이 이뤄지는 까닭은 그 교환이 공정해서가 아니라 참여자들의 무지 탓이라고 슬라보예 지젝은 지적한다. 개인들이 자본주의 고유의 논리를 알지 못한 채 교환 과정에 참여하기 때문에 자본주의가 유지된다. 그 과정의 이면에 어떤 불공정과 술수가 있는지 참여자가 속속들이 알면 현실은 와해된다.

이 지점에서 이데올로기의 효과가 발생한다. 자본주의 경제 시스템은 대중의 참여로 굴러가는데, 대중은 마치 이 시스템이 존재하기에 자신의 노동력을 팔아야 하는 줄로 믿는다. 더구나 자본주의 체계에서는 봉건사회의 영주와 농노 같은 주종 관계가 보이지 않는다. 돈과 사물의 '평등한 교환'만 눈에 보인다.

평등해 보이는 교환 안에는 '불평등한' 예속 관계, 가진 자들과 못가진 자들의 갈등이 감춰져 있다. 그래서 계급 사이의 적대는 사회에 '증상'으로서 나타난다고 지젝은 분석한다. 아무리 사회통합을 외치고 이데올로기화된 현실에서 살아도 자본주의 체제가 낳은 갈등은 사라지지 않는다. 어제까지는 평소와 다름없이 일하던 사람들이 오늘 갑자기 회사 밖으로 쫓겨나고 차가운 길바닥으로 내몰리는 현실은 자본주의가 무엇을 숨기고 있는지 보여준다.

냉소주의라는 이데올로기

　이데올로기를 단순히 허위의식으로 볼 수 없다는 슬라보예 지젝의 주장은 오늘날 큰 지지를 얻고 있다. 이데올로기가 허위의식이라면 그동안 믿어온 것이 환상이었음을 깨닫게 해주면 된다. 올바른 계몽을 통해 시각이 바뀌고 생활이 달라지고 사회가 변해야 한다. 그렇지만 현실은 다르다. 우리는 담배와 술이 건강에 해롭고 수명을 줄인다는 걸 너무나 잘 알고 있음에도 끊지 않고 계속해서 즐기고 있지 않은가.
독일 철학자 페터 슬로터다이크는 자신의 책 『냉소적 이성비판』에서 오늘날의 이데올로기가 '냉소적'이라고 말한다. 현대인들은 잘 모르면서 행동하는 게 아니다. 그들은 자신이 무슨 일을 하고 있는지 알고 있지만 그럼에도 여전히 수정하지 않는다.
　슬라보예 지젝은 페터 슬로터다이크의 주장을 수용한다. 나아가 이데올로기가 거짓이고 잘못되었다고 하더라도 그 뒤에 숨겨진 향락을 '냉소 주체'들은 포기하지 않는다고 덧붙인다. 당첨될 가능성이 없다는 걸 알면서도 우리는 로또를 산다. 로또 당첨으로 돈벼락을 맞는 건 환상임을 안다. 하지만 무의식이 '대박'이라는 이데올로기에 물들어 있는 것은 모른다. 겉으로는 로또를 믿지 않지만 무의식은 믿고 있다. 그래서 우리는 복권 판매점의 문을 열고 들어선다. 그냥 재미로 하는 거라고 애써 변명하면서.
　이데올로기는 생각이 아닌 행동의 측면에서 바라봐야 한다. 냉소

주체들은 잘못된 환영에 홀려서 행동하는 게 아니다. 알면서 모르는 것처럼 행동할 뿐이다. 그런데 냉소 주체가 모르는 한 가지 진실이 있다. 자신을 움직이는 건 자기가 아니라 환영이라는 사실이다.

냉소 주체들은 자신이 현실을 잘 알고 올바르게 판단하고 행동한다고 믿지만, 자신이 믿는 그 현실과 내 삶을 조직하고 있는 환영에 대해서는 모른다. 현대인은 순진한 이데올로기에 휩싸이지는 않았으나, 자신의 행동을 결정짓는 경제구조와 현실관계를 사유하지 못하게 막는 '이데올로기적 환영'에 홀린 상태이다.

많은 현대인이 정치에 무관심하다. 누군가 사회를 비판하면 꺼려한다. 자신은 '정치 이데올로기'에 휩쓸리지 않을 것이며, '정치 좀비'는 사양이라고 되된다. 하지만 정치혐오와 냉소주의 자체가 이데올로기임을 모른다. 냉소 주체들은 다른 이데올로기나 주장에는 거리를 두며 비판하지만 자신의 행동을 구조화하고 움직이게 만드는 이데올로기적 환상에 대해서는 비판하지 않는다. 냉소를 선택함으로써 자신이 싫어하는 정치를 재생산하고 있음을 모르기 때문이다.

> 이데올로기는 근본적으로, 사물들의 실상을 은폐하는 환영의 수준에 있는 것이 아니라, 우리의 사회적인 현실 자체를 구조화하는(무의식적인) 환상의 수준에 있다. 그리고 이 수준에서라면 물론 우리는 포스트 이데올로기적인 사회와는 거리가 멀다. 냉소적인 거리두기는 단지 이데올로기적인 환상이 지니고 있는, 구조화하는 힘에 대해 눈을 감아버리는 여러 방식 중 하나일 뿐이다. 우리가 아무리 사

태를 심각하게 받아들이지 않는다고 해도, 아무리 냉소적인 거리를 유지한다고 해도 우리는 여전히 그것을 행하고 있는 것이다.

환영에 가린 실재와 직면하는 용기

현대인을 냉소 주체로 만든 것은 냉소주의라는 관념이 아니다. 냉소하는 행동 때문에 냉소 주체가 되는 것이다. 누군가 변화에 대해 얘기할 때마다 미간을 찌푸리며 인상을 쓰고, 정치에 눈을 돌리는 대신 연예기사를 클릭하는 행동들이 냉소 주체를 낳는다. 이데올로기는 관념이 아니라 현실이고 행동의 층위에 있다.

현대인은 어떤 이념도 믿지 않고 이데올로기 따위와는 거리가 먼 사람들처럼 비칠 수도 있다. 하지만 그 때문에 냉소주의라는 이데올로기의 '진정한 복종사'가 된다. 반면에 맹신자나 광신자들은 자신의 신념과 아예 한몸이 되어버려 다른 생각을 품을 수조차 없다. 그들의 행동은 복종이 아니다. 자동인형처럼 따를 뿐이다. 맹신자와 달리 현대인은 속으로 어떤 이념도 절대시하지 않는다. 그렇지만 겉으로 드러난 행동은 특정한 이념을 떠받드는 것처럼 비친다. 슬라보예 지젝이 현대인이야말로 이데올로기의 진정한 복종자라고 판단하는 이유이다.

시장근본주의와 자본주의가 마땅치는 않지만 남들이 지키고 따르니 나도 그렇게 행동하는 편이 낫겠다는 식으로 우리는 '이데올로기의 복종자'가 된다. 여러 이유들을 끌어오지만 모두 자신의 행동을 합리화하고 정당화하려는 목적일 뿐이다. 이유들은 행동과 욕망을 합리화하는 수단이다. 갖고 싶은 어떤 상품을 구입하면서 우리는 마침 하나 살 때도 되었다는 둥 나중에 쓸 일이 있을 거라는 둥 여러 이유를 갖다댄다. 물론 구입할 때 요모조모 살피고 비교 선택하면서 스스로 까다로운 소비자라고 여기겠지만, 어떤 이유로 자신을 치장하건 결국은 '소비주의의 복종자'임을 가릴 순 없다.

우리는 자신의 행동을 합리화하면서 그 행동을 강제하는 이데올로기에 복종한다. 수많은 정치 이데올로기의 선전선동은 예민하게 감지하면서 정작 자기 생각과 삶을 결정짓는 이데올로기의 환영은 알아차리지 못한다.

우리는 자유롭지 못한 존재이고, 환영 속에서 갖가지 강제에 시달리며 살아간다. 그러나 스스로는 자유롭다고 믿는다. 사실은 자유로운 선택을 하는 듯 비칠 뿐 '자유롭지 않은 결정'에 매여 있다. 우리가 자유로운 존재가 아님을 알아차릴 때 비로소 자유로울 수 있는 가능성이 생긴다. 스스로 자유롭다는 환영에 사로잡힌 사람은 자유로울 수 없다. 자신이 노예란 사실을 모르는 노예는 영영 노예로 살 수밖에 없다.

거짓된 이데올로기는 진실이 드러나는 통로가 된다. 이를테면 정치인들이 사회통합을 들먹일 때, 우리는 사회가 분열되고 갈등에 빠져 있음을 알아차린다. 사회 안에 존재하는 적대 관계를 숨기려고 사회통합의 보자기를 펼치는 것이다.

이데올로기를 그저 환영으로 치부해서는 안 된다. 환영이긴 하지만 그것을 통해 '실재'를 만나게 되기 때문이다. 비록 감당하기 힘들고 해결 불가능해보이는 막막한 실재라도 우리는 마주해야 한다. 자신이 피하고 싶은 실재와 대면할 때 비로소 심리 치료가 시작되듯, 이데올로기로 감추려 한 실재를 만나야 사회 문제를 해결할 수 있다고 슬라보예 지젝은 주장한다. 문제는 용기이다. 나는 나의 실재와 직면할 용기, 세상의 실재와 마주할 용기가 있는가?

사회적 금기를
위반하는 에로티즘

『에로티즘』_ 조르주 바타유

조르주 바타유 Georges Bataille(1897~1962)

프랑스의 사상가이자 소설가이다. 아버지는 매독 환자에 맹인, 어머니는 우울증을 동반한 정신 착란에 시달리는 불안한 가정환경에서 자랐다. 파리 국립도서관 사서 겸 중세 전문가로 일하면서 프로이트를 접하고 초현실주의 작가들과 어울리며 에로티시즘과 신비주의를 토대로 한 저술 활동을 펼쳐갔다. 밤새워 술 마시고 노름에 빠지고 매음굴과 나이트클럽을 전전하며 글쓰기를 계속하던 그는 1962년 65세를 일기로 세상을 등졌다. 무신론적 입장에서 인간의 절대성을 탐구하는 사색을 지속했던 바타유는 문학사가들이 '저주의 작가'로 부를 만큼 제대로 평가받지 못했다. 저서로는 '무신론 대전' 3부작 『내적 체험』, 『죄인』, 『니체에 관하여』, 처절한 죽음과 에로티즘을 다룬 소설 『눈 이야기』, 『마담 에두아르다』, 문학 이론서 『문학과 악』, 『에로스의 눈물』, 미술에 심취한 시기에 쓴 『선사 시대 그림: 라스코 또는 예술의 탄생』, 『마네』 등이 있다.

잠들 줄 모르는 욕망

　인간은 에너지가 넘치는 동물이다. 뭔가 하지 않으면 안 되는 충동이 안에서부터 솟는다. 그 힘은 새로운 생명을 만들고, 어떤 일에 강렬히 몰두하게도 한다. 우리의 육체는 잠잠할 줄 모른다. 부글부글 끓어오르는 냄비와 같다. 만약 뚜껑을 누르고만 있으면 어느 순간 냄비는 팡 터지고 만다.

　인간은 정염의 존재이다. 아무리 애쓰고 억제하려고 해도 내 안에서 정염이 터져 나오면 이성이 마비될 때가 많다. 우리는 욕정에 휩싸여 많은 시간과 정력을 날려 보낸다. 정열의 이름으로 삶이 잿더미가 되기도 한다. 물론 '사랑'이라는 예쁜 포장지로 씌워두고 있지만, 그 안을 들여다보면 비이성과 광기가 우글우글하다. 성욕에 사로잡히는 순간, 그동안 우리를 감싸온 이성의 존재라는 가면은 벗겨지고 합리성이라는 외투는 찢겨진다.

　프랑스 사상가 조르주 바타유는 그의 저서 『에로티즘L'Erotisme』*에서 통념을 뒤집는 새로운 사고로 성을 사유한다. 그의 논의를 따라가면, 왜 인간이 에로티즘을 원하는지 알 수 있고 인간에 대한 이해도 한층 넓어진다.

> 성적 열병에 사로잡히면 우리는 전혀 다른 방향으로 행동한다. 무한정 힘을 낭비하며, 또 때로는 폭력적인 정열에 빠져 상당한 재산을 아무런 보상도 기대하지 않은 채 탕진해버린다. 관능은 파멸적 탕진과 얼마나 가까운지 우리는 관능이 절정에 이른 순간을 심지어 '작은 죽음'이라고까지 부른다. 그 결과 에로티즘의 극단적 양상들이 떠올리게 하는 것은 무질서이다. 발가벗은 상태는 우리가 옷을 입은 상태에서 지키는 예의를 파괴한다.

서구에서는 오르가슴을 '작은 죽음'이라고 부른다. 생명의 존재인 우리는 '작은 죽음'을 그리워하고 기회가 닿을 때마다 그것을 경험하고자 애쓴다. 삶과 죽음 사이, 도덕성의 옷을 입은 인간과 그 옷을 벗었을 때 드러나는 동물 사이, 그곳에서 에로티즘은 발생한다. 에로티즘은 질서에 순응하며 살아가던 사람으로 하여금 무질서가 빚어내는 쾌락을 욕망하게 만든다.

우리는 가능한 '나'를 유지하면서 살려고 한다. 하지만 그 모든 노력이 허울처럼 느껴지는 숱한 상황과 직면한다. 내 안의 수많은 욕망들이 '나'의 통제를 받지 않고 튀어나온다. 말을 듣기는커녕 제멋대로 치달리면서 내 삶을 휘청거리게 만든다. 후회할 게 뻔한데도 일을 감행하고, 이전에 저질렀던 실수를 똑같이 반복한다. 내가 욕망한다기보다는 욕망이 나를 통해 자신을 드러낸다는 표현이 더 적합할 정도이다.

조르주 바타유은 인간의 의지와 무관한 '생식기의 흥분'을 거론한다. 동의 없이도, 허락하지 않았는데도 터져 나오는 '동물성'에 삶의 질서가 흔들리고 자아는 무너진다. 육체가 '발작'할 때 정신은 부재 상태에 이른다. 이성은 잠자코 수그러든다. 나는 갑자기 내가 아닌 것처럼 행동한다. 후회는 나중 일이다. 나의 주인은 더 이상 내가 아니다.

> 육체의 발작은 동의를 넘어 침묵을 요구하며 정신의 부재를 요청한다. 육체적 충동은 이상하리만치 인간적 삶을 낯선 것으로 만든다. 인간적 삶이 침묵하기만 하면, 부재하기만 하면 육체적 충동은 때를 기다렸다는 듯이 밖으로 터져 나간다. 그 충동에 자신을 맡기는 사람은 더 이상 인간이 아니며, 이제 그것은 맹목과 망각을 최대로 누리면서 폭력을 휘두르는 짐승이다.

인간은 에로티즘을 원한다. 하루하루 착실하게 살던 사람이 갑자기 술을 퍼마시고 돈을 탕진하면서 난봉꾼으로 변한다. 자기 관리가 확실하고 예의 바른 사람이 밑바닥으로 고꾸라진다. 이전까지와는 전혀 다른 시간이 펼쳐지고 상상도 못했던 맨얼굴이 드러난다. 에로티즘의 흥분이 절정에 달하면, 인간은 더 이상 사유하는 존재가 아니다. 흥분과 쾌락에 몸을 떠는 한 마리 짐승이다.

자아의 연속성을 위한 변신과 와해

에로티즘을 좇는 인간의 삶은 끝없는 '변신'과 '와해'를 겪는다. 에로티즘은 폭력과 맞물려 있다. 나라는 존재가 와해되고 이전과는 다르게 변신하는 과정에 폭력성이 깃들어 있기 때문이다. 삶을 죽음으로 치닫게 하는 힘, 멀쩡하던 사람을 망나니로 변하게 하는 힘, 질서를 무너뜨리는 힘, 이것이 바로 에로티즘의 폭력이다. 그 폭력성은 우리 안에 숨어 있다가 튀어나온다.

폭력과 사랑은 얼마나 가까운가. 사랑의 놀라운 점은 우리를 이전과는 다른 존재로 변화시킨다는 것이다. 사랑에 빠지면 '이전의 나'라는 자아 형식은 더 이상 견디지 못하고 와해된다. 사랑이라는 폭력 때문에 혼란과 동요가 들이닥친다. 톱니바퀴처럼 잘 맞물려 돌아가던 나의 일상은 사랑하는 이를 만나면서 무질서해진다. 그 사람과 함께하겠다는 열정이 강하다 못해 지나쳐서 고통스럽기까지 하다.

우리는 왜 자신을 무너뜨리는 사랑을 갈망할까? 조르주 바타유에 따르면, 사람은 사랑에 빠질 때 '불연속성'에서 벗어나기 때문이라고 한다. 우리는 서로가 떨어진 개체로서 살지만, '불연속성'을 별로 좋아하지 않는다. '연속성'을 원한다. 하나가 되고 싶다. 함께하고 싶다.

■ 에로티즘의 극치를 보여주는 구스타브 클림트의 작품 「다나에」.

다나에는 펠레폰네소스 반도의 아르고스를 통치하던 아크리시오스 왕의 딸이다. 왕은 딸이 낳은 아들에게 살해당한다는 예언을 듣고 다나에가 아무도 만나지 못하도록 탑에 가둬버린다. 그런데 하늘에 있던 제우스가 다나에에게 반해 황금빛 빗물로 변해 그녀의 다리 사이로 스며들어 사랑을 나눈다. 결국 다나에는 제우스의 아들 페르세우스를 낳았고, 왕은 훗날 손자의 손에 죽음을 맞게 된다. 이 그림은 황금 빗물로 변한 제우스가 철탑에 갇힌 다나에에게 흘러드는 장면이며, 황홀경에 빠진 다나에의 표정이 매우 관능적으로 묘사되었다.

엉키고 싶다. 그래서 우리는 폭력처럼 다가오는 사랑을 갈망하고, 마침내 사랑을 하면서 황홀경을 느낀다. '나'라는 불연속성에서 벗어나 누군가와 하나가 되어 연속성을 이뤘기 때문이다.

홀로 있으면 불안해진다. 얼른 '나'라는 인식을 없애고 싶다. 이를 조르주 바타유는 '자아를 자아 밖으로 내모는 내적 충동'이라고 일컫는다. 사람에게는 각자 개체로 존재하는 불연속성을 흐트러뜨리고 연속성의 존재가 되고자 하는 충동이 있다. 우리가 간절히 '결합'을 꿈꾸는 이유이다.

> 두 존재의 만남이 이루어지면, 암컷은 느리게, 그러나 수컷은 이따금 벼락 치듯이 성 충동을 자아 밖으로 분출시킨다. 교접에 이르면 서로 접근하던 한 쌍의 암수는 이제 불연속적 개체를 벗어나 비록 순간적이나마 하나로 결합되면서 연속성의 흐름을 맛본다. 진정한 의미에서의 결합은 없다. 다만 폭력의 지배를 받는, 성적 결합의 일정한 작용과 반작용으로 연결된 두 개체들이 쌍방 간에 자기를 벗어난 위기의 상태를 함께 나누는 것이다. 두 존재들은 연속성을 향해 함께 열린다. 그러나 막연한 의식뿐 남는 것은 아무것도 없다. 발작이 지나면 각자의 불연속성은 여전히 거기에 있다.

몸을 섞어 하나가 된 것 같은 연속성의 흐름을 맛보더라도 실상 진정한 결합은 없다고 조르주 바타유는 말한다. 사랑하여 모든 걸 나누고 함께해도 우리는 결코 하나가 되지 못한다. 연속성은 금세 깨진다. 손을 잡고 키스를 하고 섹스를 하고 같이 살아도 하나라는 느낌은 머잖아 소멸된다. 황홀한 밤이 지나면 공허하고 쓸쓸한 아침이 우리를 기다린다. 그래서 조르주 바타유는 "성행위는 가장 진하면서도 의미 없는 발작"이라고 정의한다.

금기 위반의 쾌락

인간의 욕망은 얄망궂다. 금기는 욕망을 막지 못하고 오히려 부추긴다. 하지 말라면 더 하고 싶고, 가질 수 없으면 더 갖고 싶다. 그다지 원하지 않던 것도 금기시하면 새로운 욕망이 생겨난다.

에로티즘은 금기의 위반에서 태어난다. 에로티즘을 느끼게 하는 건 거의 다 '불법'이거나 환영받지 못하는 것들이다. 모두가 손뼉을 쳐주는 합법의 에로티즘이 있을까? 없다! 에로티즘은 금기를 어길 때 피어난다.

인간에게 금기는 하지 못하는 게 아니라, 해서는 안 되지만 할 수도 있는 것으로 여겨진다. 절대 넘지 말라고 담 쌓아둔 채 은근히 넘어가도록 부추기는 경계이다. 대개는 하지 말라는 명령이지만 때때로 이 경계선을 넘어보라고 유혹한다. 우리는 이따금 금기를 어긴다. 위반하면서 금기를 깬다. 그럼에도 금기는 여전히 사라지지 않는다. 우리가 다시 그것을 지키며 살아가기 때문이다.

바타유는 "위반이란 금기를 제거하는 것이 아니라 금기를 한번 걸어올리는 행위이다. 에로티즘의 근본은 거기에 있다"고 말한다. 인간은 그렇게 금기를 만들어놓고, 때때로 어기고 위반하면서 쾌락을 얻는다.

남녀 사이도 금기와 위반의 관계와 가깝다. 여자가 마음을 쉽게 열면 금세 흥미를 잃고 더 이상 상대를 원하지 않는 속성이 남자들한테는 있다. 그래서 여자들은 속마음과는 달리 남자에게 관심 없는 듯 거리를 두며 지켜보곤 한다. 자신에 대한 금기를 높이는 것이다. 남자에게는 여자를 '정복'하려는 욕망이 있어서 상대하기 쉽지 않은 여자를 취할 때 더 큰 만족을 느낀다. 위반에서 에로티즘이 생기는 것이다. "금기의 느낌이 없이는 결코 쾌락도 있을 수 없다"고 바타유는 말한다. 그렇듯이 적지 않은 남자들이 '사랑'이란 명목으로 '사냥'을 한다.

한편 조르주 바타유는 에로티즘에서 아름다움을 중요한 요소로 다룬다. 에로티즘의 아름다움에서는 독성이 묻어난다. 아름다워야 위반의 효과도 커진다.

> 아름다움이 무엇보다 중요한 이유는 에로티즘의 본질은 더럽히기에 있고, 추함은 더럽혀질 수 없기 때문이다. 금기의 의미와 다르지 않은 인간성은 에로티즘에서 위반된다. 인간성은 위반되고 모독되고 더럽혀진다. 아름다움이 크면 클수록 더럽힘의 의미도 그만큼 커진다.

인간의 심성만큼 복잡하고 이율배반적인 게 또 있을까. 아름다운 사람이 망가지고 더러워질 때 사람들은 에로티즘을 느낀다. 아름다움이 유린되고 더러워지는 낙차 사이에서 짜릿함을 만끽한다. 경멸스러운 누군가가 더 망가져도 사람들은 동요하지 않는다. 하지만 순수하고 아름다운 대상이 엉망이 되고 추해지면 온갖 감정을 불러일으킨다. 거기에는 분노와 연민뿐만 아니라 공포와 흥분도 포함된다.

노동이 일상 생활을 지속하기 위한 생산 활동이라면, 휴식은 노동이 요구하는 금기를 어기는 것이다. 노고에 시달리고 억눌린 채 들끓는 생명 에너지를 분출하기 위해서는 휴가가 필요하고 축제를 벌여야 한다. 이를 위해 사람들은 그동안 땀 흘려 얻은 것들을 한번에 탕진하기까지 한다.

> 인간 사회가 오직 노동의 세계인 것만은 아니다. 세속의 세계와 신성의 세계는 동시에(혹은 연속적으로) 위반을 구성하며, 둘은 위반의 두 가지 보완적 형태들이다. 세속의 세계는 금기의 세계이다. 신성의 세계는 제한된 위반으로 열린 세계이다.

노동 규범이라는 금기를 지키는 것이 세속의 세계라면, 신성의 세계는 그 금기를 어기면서 열린다. 축제가 시작되고 일상을 짓누르던 금기들이 한순간에 사라지면 인간은 마냥 먹고 마시고 즐거워하며 논다. 그리고 방출과 소모의 축제가 끝나면 다시 금기가 작동하는 일상이 펼쳐진다. 금기와 위반, 노동과 소모 사이를 오가며 인간은 살아간다. 인류사는 그렇게 진행되어왔다.

그런데 오늘날의 사정은 다르다. 노동과 축제는 서로 넘을 수 없는 벽이 되어 우리 일상 안에 들어서 있다. 노동하는 자들은 쉴 새 없이 노동만 하고, 소모하는 자들은 평생 소모에 골몰한다. 그래서 사달이 난다. 쾌락에 찌든 사람은 더 큰 자극을 찾아 떠돌고, 노동만 하는 사람은 자기 안의 들끓는 기운을 억압하다가 어처구니없는 짓을 벌이기도 한다.

노동과 축제가 하나로 어우러지는 것까지는 바라지 않더라도 그 사이를 오갈 수 있는 여유는 가져야 한다. 노동이든 놀이든 한쪽으로 편중된 삶은 불안하고 위험하다.

머리말

- 질 들뢰즈, 『차이와 반복』, 김상환 옮김, 민음사, 2004
- 김상봉, 『서로주체성의 이념』, 길, 2007
- 발터 벤야민, 『일방통행로/사유이미지』, 최성만 · 김영옥 · 윤미애 옮김, 길, 2007

존재의 가치를 열망하라

- 에리히 프롬, 『소유냐 존재냐』, 차경아 옮김, 까치글방, 1996
- 박홍규, 『우리는 사랑하는가』, 필맥, 2004
- 에리히 프롬, 『사랑의 기술』, 황문수 옮김, 문예출판사, 2006
- 에리히 프롬, 『자유로부터의 도피』, 원창화 옮김, 홍신문화사, 2006
- 헨리 데이비드 소로우, 『월든』, 강승영 옮김, 은행나무, 2011

소비하지 않을 권리

- 장 보드리야르, 『소비의 사회』, 이상률 옮김, 문예출판사, 1992
- 장 보드리야르, 『기호의 정치경제학 비판』, 이규현 옮김, 문학과지성사, 1998
- 장 보드리야르, 『시뮬라시옹』, 하태환 옮김, 민음사, 2001
- 에바 일루즈, 『낭만적인 유토피아 소비하기』, 박형신 · 권오헌 옮김, 이학사, 2014

무엇이 우리의 삶을 쓰레기로 만드는가

- 지그문트 바우만, 『쓰레기가 되는 삶들』, 정일준 옮김, 새물결, 2008
- 리처드 세넷, 『신자유주의와 인간성의 파괴』, 조용 옮김, 문예출판사, 2002
- 지그문트 바우만, 『액체근대』, 이일수 옮김, 강, 2009
- 지그문트 바우만, 『유동하는 공포』, 함규진 옮김, 산책자, 2009

자기 감시로부터의 자유

- 미셸 푸코, 『감시와 처벌』, 오생근 옮김, 나남출판, 2003
- 미셸 푸코, 『"사회를 보호해야 한다"』, 박정자 옮김, 동문선, 1998
- 제러미 벤담, 『파놉티콘: 제러미 벤담』, 신건수 옮김, 책세상, 2007
- 미셸 푸코, 『성의 역사1―지식의 의지』, 이규현 옮김, 나남출판, 2010

배제와 포함의 정치술

- 조르조 아감벤, 『호모 사케르』, 박진우 옮김, 새물결, 2008
- 르네 지라르, 『폭력과 성스러움』, 박무호 · 김진식 옮김, 민음사, 2000
- 발터 벤야민, 『역사의 개념에 대하여/폭력비판을 위하여/초현실주의 외』, 최성만 옮김, 길, 2008
- 조르조 아감벤, 『예외상태』, 김항 옮김, 새물결, 2009
- 칼 슈미트, 『정치적인 것의 개념』, 김효전 · 정태호 옮김, 살림, 2012

권력은 군중을 어떻게 길들이는가

- 엘리아스 카네티, 『군중과 권력』, 강두식 · 박병덕 옮김, 바다출판사, 2010
- 블라디미르 마야코프스키, 『대중의 취향에 따귀를 때려라』, 김성일 옮김, 책세상, 2005

- 호세 오르테가 이 가세트, 『대중의 반역』, 황보영조 옮김, 역사비평사, 2005
- 에드워드 오스본 윌슨, 『지구의 정복자』, 이한음 옮김, 사이언스북스, 2013
- 에티엔느 드 라 보에티, 『자발적 복종』, 심영길 · 목수정 옮김, 생각정원, 2015

친절하고 너그러운 자본주의의 가면

- 안토니오 네그리 · 마이클 하트, 『제국』, 윤수종 옮김, 이학사, 2001
- 안토니오 네그리 · 마이클 하트, 『다중』, 세종서적, 2008
- 조정환, 『인지자본주의』, 갈무리, 2011
- 안토니오 네그리 · 마이클 하트, 『공통체』, 사월의책, 2014

긍정하는 노예의 삶을 부정하라

- 헤르베르트 마르쿠제, 『일차원적 인간』, 박병진 옮김, 한마음사, 2009
- 테오도르 아도르노 · M. 호르크하이머, 『계몽의 변증법』, 김유동 옮김, 문학과지성사, 2001
- 헤르베르트 마르쿠제, 『에로스와 문명』, 김인환 옮김, 나남출판, 2004
- 기 드보르, 『스펙타클의 사회』, 유재홍 옮김, 울력, 2014

사유의 힘이 우리를 구원하리라

- 한나 아렌트, 『예루살렘의 아이히만』, 김선욱 옮김, 한길사, 2006
- 임지현 외, 『대중독재』, 책세상, 2004
- 크리스토퍼 R. 브라우닝, 『아주 평범한 사람들』, 이진모 옮김, 책과함께, 2010
- 한나 아렌트, 『어두운 시대의 사람들』, 홍원표 옮김, 인간사랑, 2010
- 블라디미르 나보코프, 『롤리타』, 김진준 옮김, 문학동네, 2013

편견과 이데올로기의 탄생

- 에드워드 사이드, 『오리엔탈리즘』, 박홍규 옮김, 교보문고, 2007
- 미셸 푸코, 『감시와 처벌』, 오생근 옮김, 나남출판, 2003
- 빌 애쉬크로프트 · 팔 알루와리아, 『다시 에드워드 사이드를 위하여』, 윤영실 옮김, 앨피, 2005
- 에드워드 사이드 · 다니엘 바렌보임, 『평행과 역설』, 노승림 옮김, 마티, 2011
- 에드워드 사이드, 『저항의 인문학』, 김정하 옮김, 마티, 2012

자기 무시로부터의 해방

- 자크 랑시에르, 『무지한 스승』, 양창렬 옮김, 궁리, 2008
- 자크 랑시에르, 『민주주의는 왜 증오의 대상인가』, 허경 옮김, 인간사랑, 2011
- 자크 랑시에르, 『정치적인 것의 가장자리에서』, 양창렬 옮김, 길, 2013
- 파커 J. 파머, 『가르칠 수 있는 용기』, 이종인 옮김, 한문화, 2013

학교 밖에서 공부하라

- 이반 일리히, 『학교 없는 사회』, 박홍규 옮김, 생각의나무, 2009
- 김상봉, 『학벌사회』, 한길사, 2004
- 이반 일리히, 『이반 일리히의 유언』, 이한 · 서범석 옮김, 이파르, 2010
- 이반 일리히, 『절제의 사회』, 박홍규 옮김, 생각의나무, 2010

삶을 사랑하라, 창조하라, 긍정하라

- 프리드리히 니체, 『차라투스트라는 이렇게 말했다』, 정동호 옮김, 책세상, 2000
- 프리드리히 니체, 『인간적인 너무나 인간적인2』, 김미기 옮김, 책세상, 2002
- 프리드리히 니체, 『즐거운 학문/메시나에서의 전원시 유고』, 안성찬 · 홍사현 옮

김, 책세상, 2005

- 아르투르 쇼펜하우어,『의지와 표상으로서의 세계』, 홍성광 옮김, 을유문화사, 2009

환영에 맞서 진리를 붙들어라

- 알랭 바디우,『윤리학』, 이종영 옮김, 동문선, 2001
- 제이슨 바커,『알랭 바디우 비판적 입문』, 이후, 2009
- 알랭 바디우,『철학을 위한 선언』, 서용순 옮김, 길, 2010
- 알랭 바디우,『베케트에 대하여』, 서용순 · 임수현 옮김, 민음사, 2013
- 알랭 바디우,『투사를 위한 철학』, 서용순 옮김, 오월의봄, 2013

공존과 변태를 꿈꾸는 철학

- 정희진,『페미니즘의 도전』, 교양인, 2013
- 정희진,『저는 오늘 꽃을 받았어요』, 또하나의문화, 2001
- 벨 훅스,『행복한 페미니즘』, 박정애 옮김, 큰나, 2002
- 주디스 버틀러,『젠더 트러블』, 조현준 옮김, 문학동네, 2008
- 정희진,『정희진처럼 읽기』, 교양인, 2014

불안한 사랑과 작별하는 법

- 울리히 벡 · 엘리자베트 벡-게른스하임,『사랑은 지독한 그러나 너무나 정상적인 혼란』, 강수영 · 권기돈 · 배은경 옮김, 새물결, 1999
- 앤서니 기든스,『현대 사회의 성 사랑 에로티시즘』, 배은경 · 황정미 옮김, 새물결, 2001
- 울리히 벡,『위험사회』, 홍성태 옮김, 새물결, 2006

- 울리히 벡 · 엘리자베트 벡-게른스하임, 『장거리 사랑』, 이재원 · 홍찬숙 옮김, 새물결, 2012

동물과 인간의 평등을 위하여

- 피터 싱어, 『동물해방』, 김성한 옮김, 연암서가, 2012
- 피터 싱어 · 짐 메이슨, 『죽음의 밥상』, 함규진 옮김, 산책자, 2008
- 가야트리 스피박 외, 『서발턴은 말할 수 있는가?』, 태혜숙 옮김, 그린비, 2013
- 피터 싱어, 『실천윤리학』, 김성동 옮김, 연암서가, 2013
- 메리 울스턴크래프트, 『여권의 옹호』, 손영미 옮김, 연암서가, 2014

앎, 함, 삶의 순환

- 움베르토 마투라나 · 프란시스코 바렐라, 『앎의 나무』, 최호영 옮김, 갈무리, 2007
- 움베르토 마투라나 · 베른하르트 푀르크젠, 『있음에서 함으로』, 서창현 옮김, 갈무리, 2006
- 임마누엘 칸트, 『순수이성비판1, 2』, 백종현 옮김, 아카넷, 2006
- 프란시스코 바렐라, 『윤리적 노하우』, 유권종 · 박충식 옮김, 갈무리, 2009
- 찰스 다윈, 『종의 기원』, 송철용 옮김, 동서문화동판(동서문화사), 2013

무지의 장막을 걷어내라

- 슬라보예 지젝, 『이데올로기의 숭고한 대상』, 이수련 옮김, 새물결, 2013
- 슬라보예 지젝, 『그들은 자기가 하는 일을 알지 못하나이다』, 박정수 옮김, 인간사랑, 2004
- 페터 슬로터다이크, 『냉소적 이성 비판1』, 이진우 · 박미애 옮김, 에코리브르, 2005
- 루이 알튀세르, 『재생산에 대하여』, 김웅권 옮김, 동문선, 2007

- 칼 마르크스, 『자본1-1』, 강신준 옮김, 길, 2008

사회적 금기를 위반하는 에로티즘

- 조르주 바타유, 『에로티즘』, 조한경 옮김, 민음사, 2009
- 조르주 바타유, 『에로티즘의 역사』, 조한경 옮김, 민음사, 1998
- 조르주 바타유, 『저주의 몫』, 조한경 옮김, 문학동네, 2000
- D. A. F. 드 사드, 『사드의 규방철학』, 이충훈 옮김, 비(도서출판b), 2005

어떻게
나를 지키며 살 것인가

처음 펴낸 날   2015년 5월 20일
지은이   이인
펴낸이   강성도
펴낸곳   뜨란
편집   정선우
주소   경기도 고양시 일산동구 중앙로 1347, 1012호
전화   031-918-9873
팩스   031-918-9871
이메일   ttran@chol.com
등록   제111호(2000. 1. 6)

ISBN 978-89-9084-032-5 03100